1921-2021
厦门大学
XIAMEN UNIVERSITY

厦门大学百年校庆系列出版物

百年精神文化系列

陈景润传

沈世豪　著

厦门大学出版社　国家一级出版社
XIAMEN UNIVERSITY PRESS　全国百佳图书出版单位

图书在版编目（CIP）数据

陈景润传 / 沈世豪著. -- 厦门：厦门大学出版社，
2021.3（2023.5 重印）
（百年精神文化系列）
ISBN 978-7-5615-8037-0

Ⅰ．①陈… Ⅱ．①沈… Ⅲ．①陈景润（1933—1996）
－传记 Ⅳ．①K826.11

中国版本图书馆CIP数据核字(2020)第269119号

出 版 人	郑文礼
特约编辑	王依民
责任编辑	王鹭鹏
封面设计	李嘉彬
技术编辑	许克华

出版发行　**厦门大季出版社**

社　　　址	厦门市软件园二期望海路 39 号
邮政编码	361008
总　　　机	0592-2181111　0592-2181406(传真)
营销中心	0592-2184458　0592-2181365
网　　　址	http://www.xmupress.com
邮　　　箱	xmup@xmupress.com
印　　　刷	厦门集大印刷有限公司

开本	720 mm×1 000 mm　1/16
印张	14
插页	2
字数	200 千字
版次	2021 年 3 月第 1 版
印次	2023 年 5 月第 2 次印刷
定价	50.00 元

本书如有印装质量问题请直接寄承印厂调换

厦门大学出版社
微信二维码

厦门大学出版社
微博二维码

总　序

厦门大学

党委书记　张　彦
校　长　张　荣

　　2021年4月6日，厦门大学百年华诞。百载风雨，十秩辉煌，这是厦门大学发展的里程碑，继往开来的新起点。全校师生员工和海内外校友满怀深情地期盼这一荣耀时刻的到来。

　　为迎接百年校庆，学校在三年前就启动了"百年校庆系列出版工程"的筹备工作，专门成立"厦门大学百年校庆系列出版物编委会"，加强领导，统一部署。各院系、部门通力合作，众多专家学者和相关单位的工作人员全身心地参与到这项工作之中。同志们满怀高度的责任感和紧迫感，以"提升质量，确保进度，打造精品"为目标，争分夺秒，全力以赴，使这项出版工程得以快速顺利地进行。在这个重要的历史时刻，总结厦大百年奋斗历史，阐扬百年厦大"四种精神"，抒写厦大为伟大祖国所做出的突出贡献，激发厦大人的自豪感和使命感，无疑是献给百岁厦大最好的生日礼物。

　　"百年校庆系列出版工程"包括组织编撰百年校史、百年组织机构史、百年院系史、百年精神文化、百年学术论著选刊、校史资料与学生名录……有多个系列近150种图书将与广大读者见面。从图书规模、涉及领域、参编人员等角度看，此项出版工程极为浩大。这些出版物的问世，将为学校留下大量珍贵的历史资料，为学校深入开展校史教育提供丰富生动的素材，也将为弘扬厦门大学"自强不息，止于至善"校训精神注入时代的新鲜血液，帮助人们透过"中国最美大学校园"

的山海空间和历史回响，更加清晰地理解厦门大学在中国发展进程中发挥的独特作用、扮演的重要角色，领略"南方之强"的文化与精神魅力。

百年校庆系列出版物将多方呈现百年厦大的精彩历史画卷。这些凝聚全校师生员工心血的出版物，让我们感受到厦大人弦歌不辍的精神风貌。图文并茂的《厦门大学百年校史》，穿越历史长廊，带领我们聆听厦大不平凡百年岁月的历史足音。《为吾国放一异彩——厦门大学与伟大祖国》浓墨重彩地记述厦门大学与全国34个省级行政区以及福建省九市一区一县血浓于水的校地情缘，从中可以读出厦门大学在中华民族伟大复兴征程中留下的深深烙印。参与面最广的"厦门大学百年院系史系列"、《厦门大学百年组织机构史》，共有30多个学院和直属单位参与编写，通过对厦门大学各学院和组织机构发展脉络、演变轨迹的细致梳理，深入介绍厦门大学的党建工作、学科建设、人才培养、组织管理、社会服务等方面的发展历程，展示办学成就，彰显办学特色。《厦门大学校史资料选编（1992—2017）》和《南强之星——厦门大学学生名录（2010—2019）》，连同已经出版的同类史料，将较完整、翔实地展现学校发展轨迹，记录下每位厦大学子的荣耀。"厦门大学百年精神文化系列"涵盖人物传记和校园风采两大主题，其中《陈嘉庚传》在搜集大量史料的基础上，以时代精神和崭新视角，生动展现了校主陈嘉庚先生的丰功伟绩。此次推出《林文庆传》《萨本栋传》《江德耀传》《王亚南传》四部厦门大学老校长传记，是对他们为厦大发展所做出的突出贡献的深切缅怀。厦大校友、红军会计制度创始人、中国共产党金融事业奠基人之一高捷成的传记《我的祖父高捷成》，则是首次全面地介绍这位为中国人民解放事业做出杰出贡献的烈士的事迹。新版《陈景润传》，把这位"最美奋斗者"、"感动中国人物"、令厦大人骄傲的杰出校友、世界著名数学家不平凡的人生再次展现在我们眼前。抒写校园风采的《厦门大学百年建筑》、《厦门大学餐饮百年》、《建南大舞台》、《芙蓉园里尽芳菲》、《我的厦大老师》（百年华诞纪念专辑）、《创新创业厦大人2》、

《志愿之光》、《让建南钟声传响大山深处》、《我的厦大范儿》以及潘维廉的《我在厦大三十年》等，都从不同的角度，引领我们去品读厦门大学的真正内涵，感受厦门大学浓郁的人文精神和科学精神。

此次出版的"厦门大学百年学术论著选刊"，由专家学者精选，重刊一批厦大已故著名学者在校工作期间完成的、具有重要价值的学术论著（包括讲义、未刊印的论著稿本等），目的在于反映和宣传厦门大学百年来的学术成就和贡献，挖掘百年来厦门大学丰厚的历史积淀和传统资源，展示厦门大学的学术底蕴，重建"厦大学派"，为学校"双一流"建设提供学术传统的支撑。学校将把这项工作列入长期规划，在百年校庆时出版第一辑共40种，今后还将陆续出版。

"自强！自强！学海何洋洋！"100年前，陈嘉庚先生于民族危难之际，抱着"教育为立国之本 ，兴学乃国民天职"的信念，创办了厦门大学这所中国历史上第一所由华侨独资建设的大学。100年来，厦大人秉承"研究高深学术，养成专门人才，阐扬世界文化"的办学宗旨，在实现中华民族伟大复兴的征程上书写自己的精彩篇章。我们相信，当百年校庆的欢庆浪潮归于平静时，这些出版物将会是一串串熠熠生辉的耀眼珍珠，成为记录厦门大学百年奋斗之旅的永恒坐标，成为流淌在人们心中的美好记忆，并将不断激励我们不忘初心继承传统，牢记使命乘风破浪，向着中国特色世界一流大学目标奋勇前行！

张彦　张荣

2020年12月

攀登科学高峰，就像登山运动员攀登珠穆朗玛峰一样，懦夫和懒汉是不可能享受到胜利的喜悦和幸福的。

——陈景润

序

一

我在病床上拜读名作家沈世豪重新修订的《陈景润》，十分敬佩。他的各种描述令人回味无穷，也唤醒了我的回忆。

我和景润是同事，又是老乡，可谓是知交。他有什么事，包括不能和其他人说的事情，他都会告诉我。如果遇到难事，第一个也是想到我。春节拜年，他也是第一个到我家，穿着那件松松垮垮的蓝色棉袄，用老家纯粹的福州话亲切地说"拜年，拜年！"他离去二十多年，却始终活在我的心里。

陈景润的出现，除了他个人的因素，和他所经历的时代是紧紧相连的。他是经历过新旧社会两重天的人，百倍珍惜解放后能够上大学的机会，在那个高扬为祖国做贡献，大跨步向科学进军的主旋律中，不仅催生而且强化、坚定了他攻克哥德巴赫猜想的愿望，并为他的刻苦攻关创造了必要的条件。回首陈景润走过的道路，人们不仅可以看到他人生之路的崎岖、坎坷，更重要的是可以看到他所得到的各方面的鼎力扶持、帮助。厦门大学的领导、老师的关爱和教诲，数学所华罗庚先生的耳提面命，悉心引路、指导，尤其是他取得辉煌成果之后，三代党和国家领导人在极为关键时刻都衷爱、鼎力支持他，这是新社会的传奇。因此，从这个角度看，陈景润是时代的旗帜，是时代造就和成就了他。

我印象最深的一个例子是陈景润进攻数学的奇招很多，简直令人难以理解，这里我仅简化概括，就是他在六平方米的废锅炉房里，全部设备就是一张硬板床、一个马扎、一个手电筒再加四麻袋的稿纸，就凭这些，他创造了数学世界的纪录，至今尚未被打破。我们想想，这难道不是奇迹吗，我们应该向他学习什么呢，我就不必多说了。

他在攻克哥德巴赫猜想这一世界级难题中，所表现出来的超乎常人的毅力持之以恒的精神，令人油然想起清代郑燮即郑板桥的诗《竹石》：

咬定青山不放松，立根原在破岩中。

千磨万击还坚劲，任尔东西南北风。

陈景润无愧是一棵这样的绿竹。科学攻坚，向来没有平坦的道路可走。现代人说，如想要有点成就，须有坐得十年冷板凳的思想准备。对于陈景润来说，何止如此！他是用生命的全部力量进行顽强的拼搏。在和景润的接触中，我深深地感受到，现代社会，诱惑太多，生活在俗世之中，人是很难免俗的。他却是一个超脱个人名利，超脱物质享受，全身心投入科学攻关崇高事业的人。他完全进入一个忘我的境界。他对攻克哥德巴赫猜想的痴迷程度，一般人往往很难理解的，有的人还错误地把他视为"傻瓜"。他不愧是披坚执锐毫不畏惧艰难困苦的真正勇士和斗士，我想，景润的精神，最为可贵的就在这里。

人是应当有坚定的信仰的，用我们今天的话来说，就是要有核心价值观。景润的信仰是什么？或许，不一定像许多舍生忘死的共产党人一样，以献身伟大的共产主义事业作为崇高的人生目标。他的信仰是要用他毕生的精力乃至生命，攻克世界级的科学难题——哥德巴赫猜想，为我们的祖国增光添彩。我认为，作为科学工作者，他的这一坚定的信仰和核心价值观，同样也是崇高的和值得赞颂的。时代变了，像景润这样的人物，虽然还不乏其人，但对我们这个时代来说，太少、太少，所以邓公才会说，中国有一千个陈景润，就了不得！

一个时代有一个时代的社会思潮，如果说得通俗一点，那就是时尚、时髦。在商品大潮席卷社会的每一个角落、金钱至上成为人们普遍追求的大背景下，不少人包括很有科研攻关能力的人们，往往以追求金钱、追求个人享受为人生的唯一目标。时风不正，影响了太多本来是很有作为的年轻人，中国人才的大量流失，君不见，美国的硅谷，几乎三分之一都是从中国名牌大学毕业的大学生。虽然，我们不能片面反对中国人才到国外去赚大钱，但这些情况，总是让人们感到惋惜和遗憾。因此，在这一现代的思潮下，重提陈景润，呼唤陈景润精神的回归，具有特别重要和深远的意义。

文明社会和人类的进步，科学是最为重要的因素，尤其是进入以信息技术革命为标志的科学时代，更是如此。中国要崛起，要实现民族振兴，完成实现中国梦的这一伟大的目标，急需成千上万陈景润这样的人物。陈景润虽然去世多年，但他留下的精神、襟怀是超越时空的宝贵的精神财富。继承、弘扬陈景润的精神，是我们这个时代的需要。或许，这也是重版此书的初衷吧！

科学是有内在规律的，关键是创新。神秘的数学王国，博大精深且瑰丽辉煌。攻关无比艰辛，但攻关同样充满乐趣。很像是攀登巍峨的崇山峻岭，同样有看不尽的风景乃至奇观。陈景润之所以能够始终不渝的一个重要原因，就是在辛勤的探索中，在前人的基础上，向前一步。斩关夺隘，有所前进，有所创新。从必然王国进入自由王国，其乐无穷。陈景润并非是苦行僧，他的攻关人生同样充满快乐。他在数论领域中，能够一次次地创造奇迹，能够坚持数十年如一日。一个很重要的原因就在这里。

我们的时代变化太快，拭目全球风起云涌的大变局，虽然令人眼花缭乱，但可以清晰地看到，谁占领科学的高地，谁就取得主动。在竞争日益白热化的今天，发展高新技术及其产业，尤其是取得攻克世界级科学理论难题的重大突破，直接影响甚至关系国家的富强乃至存亡。或许，正因为如此，时代将会一次又一次地呼唤陈景润！

二〇二〇年五月十日

（序者系中国科学院院士）

序
二

  景润先生离开我们已经二十四年了，感谢培养了先生的母校厦门大学，在隆重庆祝厦大百年华诞的日子里，还深情地记起他，重版长篇人物传记《陈景润》，让人们重温先生所走过的不寻常的生命历程。对此，我心里感到无比的温暖，并借此对厦大的领导和校友们表示崇高的敬意与深深的感谢。

  我与先生共同生活了十六年，朝夕相处，相濡以沫，可以说是最了解他的人。他始终在神秘的数学王国中不断求索，其对摘取数学王冠上的明珠——哥德巴赫猜想的沉醉和迷恋之深，他人往往是很难理解的。因此，在相当一段时间里，不少人都以为先生是不食人间烟火的怪人。其实，并非如此，先生是有血有肉、有情有意的普通人。如果要说先生的与众不同，应该是他那颗像孩子般天真美丽的心灵，纤尘不染、纯洁剔透。先生总是可以善良地看待世界，看待他人，无论受到多大的委屈，甚至是伤害，他都可以将一切苦难淡然处之，让阳光充满心间，即使是人生的苦酒，在他心中也可以浇灌出美丽的鲜花。在先生看来，没有比从事他所热爱的数学事业，特别是攻克哥德巴赫猜想这一世界级的难题更令他痴迷的事情了。他从不懦弱，面对大是大非，面对艰难险阻，他是那样的坚定不移和勇敢无畏，这都源于他心中有对远大目标的执着追求。他不愧是有远大理想、博大胸怀、高尚境界的人。和先生一起生活，我深爱他，崇敬他，心疼他，感受着无限的幸福。

  自少年时代开始，艰苦竭蹶的生存环境令先生备尝艰辛，这也让他在生活上一直非常节俭，可以说对物质条件没有什么追求。物质需求上的低标准，让先生少了些许外表上的光鲜，用徐迟先生的话来说，他从小就是"丑小鸭"，后来，之所以能够多次绝处逢生，成为在数学领域尤其是数论殿堂中的筑梦人，首先得益于他曾经就读的母校——厦门大学——的领导、老师的精心培养和厚爱，是厦门大学成就了陈景润。先生对厦大感情甚深，美丽的母校也是先生生前经常提起的话题。在那里，先生有着太多难忘的回忆。即使在先生病痛的日子里，一提起厦大母校，他的脸上情不自禁地洋溢出暖暖的幸福和欣慰。如今，先生已经化为雕像，驻足在他深深热爱的母校，对先生来说，这也是莫大的安慰。我因此感谢厦大母校对先生的厚爱。厦大毕业的莘莘学子成千上万，知名校友更是不可胜数，先生享受如此的殊荣，怎能不让我为之感动！

先生把自己短暂的一生献给祖国的数学事业。在攀登科学高峰的路上，在科研报国的奋斗中，他经历了不少的苦难与险阻，但他是幸运的，作为一名科技工作者，先生有幸得到党和国家领导人的亲切关怀、肯定、支持与帮助甚至很高的赞誉，他可谓是中国知识分子中最幸运的人之一。他竭尽一生，坚持不懈的刻苦攻关，终于在哥德巴赫猜想研究工作中取得（1+2）的成绩，向祖国和人民，向他的母校，交上一份厚重且满怀深情的报告。我为先生而骄傲，深深缅怀他，深深感谢他。

《陈景润》在一九九七年十一月出版的时候，在厦门曾经引起轰动，我受厦大盛情邀请，带着儿子陈由伟回到母校参加该书的首发式。至今，我依然记得厦门市热情的读者排队购买此书的盛况。二十多年过去了，为创作此书付出艰苦劳作的沈世豪教授对此书重新进行了补充、修改，作为厦大母校百年校庆的重点图书隆重推出。我也再次感谢沈世豪教授，感谢为此书出版努力的厦大出版社的朋友们。

在此祝贺景润先生的母校厦门大学迎来百年华诞，也衷心祝福厦大母校欣欣向荣，再创辉煌。

二〇二〇年五月十日

（序者系陈景润夫人）

原序

　　陈景润是新中国成立后厦门大学第一届毕业生，是大家熟知的著名数学家。在几十年的科学研究中，他顽强拼搏，克服了常人难以想象的困难，勇敢地向世界著名数学难题"哥德巴赫猜想"挑战，求证出"1+2"的世界最新成果，被国际数学界称为"陈氏定理"。他的成功，为这一数学领域开创了新路，为中华民族赢得了荣誉。他是中国人的光荣和骄傲，我们福建人民为有他这样的福建籍科学家而感到自豪。古今中外的事实说明，科学技术的产生和发展需要良好的社会条件。其中最重要的就是要有一个尊重知识，尊重人才，有利于科学创造和人才脱颖而出的环境。新中国成立后，毛泽东同志提出"百花齐放，百家争鸣"的方针，推动了学事业的发展。1978年，我国迎来了科学技术发展的春天。邓小平同志在全国科学技术大会上提出了"科学技术是生产力"的科学论断，党中央、国务院先后做出了关于科学技术体制改革和加速科学技术进步的决定，使我国科技工作进入了一个蓬勃发展的新时期．在迈向新世纪的征程中，以江泽民同志为核心的党的第三代领导集体提出了实施"科教兴国"的战略，科学技术作为第一生产力在建设有中国特色社会主义事业中发挥出越来越大的作用。今天，我们有比以往任何时候都要好的学术研究和科技发展的政治、经济、社会环境，科学家、技术专家崇高的社会形象已经树立，科研工作已经成为受人尊敬、令人羡慕的职业，一大批像陈景润这样的优秀科学家必然不断涌现，科学技术事业也必然更加兴旺发达。

　　陈景润热爱祖国，热爱科学，忘我工作，顽强拼搏，一生都在孜孜不倦地追求，不断攀登。他的事迹和精神激励人们特别是青少年渴求知识、追求真理、献身科学、矢志报国。在纪念陈景润去世一周年之际，厦门大学出版社出版《走近陈景润》、陈景润》，从不同的侧面，讲述一个有血有肉、可亲可敬的陈景润。从中我们可以看到，陈景润在数学王国里是位思维清晰、逻辑严谨、勤奋至极的耕耘者；在日常生活中，是一位朴素正直、谦虚谨慎、受人尊敬的科学家。相信本书的出版，可以启迪我们对人生意义和人生追求的思考，激励人们投身于社会主义现代化建设事业。

陈明义

一九九七年一月三十日

（序者时任中共福建省委书记）

目 录

第一章　**胪雷之子**···1

天缘··3

多味人生··8

求学之路··11

少年之梦··18

第二章　**大海扬帆**···25

爱因斯坦··27

西进龙岩··32

重回厦大··36

初试锋芒··42

第三章　**卑贱者**···49

慧眼识英才··51

三平方米的特殊世界······························55

风从南方来··61

石破天惊··65

第四章　**喋血跋涉**···71

祸从天降··73

跳楼··77

熬了四年的煤油灯································81

他在喜马拉雅山巅行走····················86

第五章　**风雷激荡**……………………………… 91

毛泽东下令"抢救"陈景润……………… 93

周恩来：请陈景润当全国四届

人大代表……………… 98

世纪伟人的目光……………… 103

第六章　**科学的春天**……………………… 109

我和邓小平同志握手啦……………… 111

陈景润和徐迟……………… 116

旋风的中心……………… 120

美国之行……………… 124

第七章　**玫瑰色**……………………… 129

缘分……………… 131

突然袭击……………… 135

又一道"猜想"……………… 139

由昆：我真的心疼他……………… 143

第八章　**搭梯子**……………………… 149

凌晨三点的灯光……………… 151

四本科普读物的诞生……………… 155

我在搭梯子……………… 159

陈景润哭了……………… 162

第九章 **情溢寰中**···············167

拜　年···············169

师生之谊···············172

月是故乡明···············176

留在长白山的笑容···············180

第十章 **悲壮的日子**···············185

不要处分他···············187

小草之歌···············190

在家乡治疗···············194

最后时刻···············197

不凋的鲜花···············201

肼雷之子

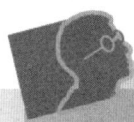

陈 景 润 传

天缘

福州，又称榕城，福建的省会。奔腾千里的闽江从这里滚滚入海。亭亭的玉兰、浓荫如泼的榕树，灵秀多姿洋溢着南国浓郁风情的城市建筑，编织出一幅幅韵味隽永的水墨画。

往南出城，十五公里处，原来便是陈景润的故乡胪雷。人们未曾忘记，昔日，这里是有着七百多年历史的著名村落。全村有一千多户人家。青砖、乌瓦、逶迤曲折的麻石街，沿街小店如织。虽没有榕城的繁华，那终日潮润润的古朴小镇，却如乡情味十足的闽剧，令人一咏三叹。这里背靠绿树蓊郁的胪峰，面临碧波粼粼的乌龙江，故古人有"天马""螺穴"之说，认为是风水宝地。实际上，陈氏的祖先并不显赫，史载，大约于西晋永嘉年间从中原逃难入闽，当时穷愁潦倒，流落到这里放鸭为生，又称"鸭母陈"。民间传说不足为证，但饶有趣味。养鸭的陈氏虽则贫苦，心地却十分善良。一天，一位得道高僧路过门前，他疲惫不堪，一副远行倦客的模样，得到"鸭母陈"的热情招待。于是，高僧被感动了，临行前，指点胪雷，预言必出非凡人才。说完，便飘然而去。"鸭母陈"当然仍是放鸭，但日后的陈氏，确实出了几位名扬四海的中华俊杰。

当时，胪雷的陈氏宗祠，村庄中一幢气势非凡的古建筑，飞檐、吊角，壁立的青砖大墙前，一对端坐的雄狮，昂然屹立。祠内中庭，气宇轩然，依次悬挂着三块大匾，第一块上书"陈氏定理"，那是褒扬陈景润的。第二块上书"教育部长"，那是纪念民国时期的教育部长、化学博士陈可忠的。第三块上书"海军上将"，那说的是近现代史上著名的爱国海军名将陈绍宽，他的事迹印记着一页页风雷激荡的历史，他以"一身正气，两袖清风"永存史册。三位陈氏子孙，给胪雷带来无限的骄傲和光荣，以至人们徜徉小镇的街市之中，拭目青砖乌瓦的旧式民宅和别墅式小楼杂陈的风景线，常恍若走进历史风雨深处。

时过境迁，而今，驰名的胪雷村已经从地图上消失。因为该村正地处福州动车南站的要冲位置，从二〇〇九年开始，人们不得不忍痛全部拆迁。在胪雷的旧址上，现代化的福州南站及胪雷新村拔地而起，成为令人耳目一新的瑰丽风景。不过，陈景润家的"鸭母陈"宗祠，陈绍宽将军的故居，幸运地被保留下来。这两幢旧居，皆是青砖砌成的古建筑，伫立在一片恢弘的现代建筑群中，犹如饱经沧桑身着古代服装的老者，静静地凝视着让人眼花缭乱的新世界。

陈景润的故居原来有两处：一处老宅较大，很早就被拆毁，盖起新房，无法觅踪了。一处是当街店面，只有前后两间，大门长期紧锁，像封存的历史，又像哑谜，任四方来访的人们，独自品味其中的落寞和蕴意。现在，已经全部夷为平地，杳无踪迹。

胪雷村的村民到哪里去了——全部搬进附近的住宅小区。车站附近皆是黄金宝地，一片片连云的高层楼房，风貌完全改变。胪雷古村落不可阻挡地走进了不凋的史册。

若论家境，陈景润的家族原来并不差。他的大伯父曾任中国邮政总局考绩处处长。二伯父是邮政职员，曾任福建省邮政视察室主任。他的父亲，职位最小，仅任过三等邮政局的局长。他的一家，可称邮政之家。海关、邮政在当时是颇为吃香的，因此，陈景润的父亲陈元俊并不住在胪雷，而是住在福州南台。南国都市夹巷深深，庭院式的楼房，清净、简洁，且焕发着浓郁的书卷气。

陈景润生于一九三三年五月二十二日，出生的时候，家道衰落，已经很贫穷了。连接生的脸盆也没有，居然用煮饭的锅子代替。陈景润前面有一个哥哥和一个姐姐，在那个社会，孩子并不算多，但因为穷，也觉得难以支撑。如徐迟所言，陈景润一出生就成为不大受家里欢迎的孩子。

陈景润的母亲潘玉婵，是个农村妇女。由于常年劳作和缺乏营养，身体不大好。陈景润出生时，身体十分瘦弱，从娘胎里生出很久都不啼哭。人们都无比焦急，陈元俊见状，急得大吼一声，婴儿才哭出声来，虽并不响亮，但总算是正常的孩子了。

家常住福州，少年时代的陈景润，还是常去故乡胪雷的。是留恋那绵绵不绝的相思林，还是屋后绿草如茵的那片向阳坡？尽管，他后来远居北京，心里却一直系着故梓。至今，胪雷的乡亲仍然珍藏着陈景润一幅珍贵的遗墨，那是陈景润应故乡之邀，于一九九五年十一月十一日手书的"群力科教兴邦，培育中华英才"。从字里行间可以看出，陈景润因患帕金森综合征，手抖得很厉害。此刻，距陈景润去世只有三个多月，这是他留给故梓最后的嘱托。

小时候的陈景润，并不因为久居文明都市，优于乡间普通百姓而有什么特殊，他和农家的孩子一起玩，这种从少年时代培育起来的纯朴真挚的感情，一直贯穿在他生命的全程。以至到他去世时，赴京参加悼念活动的胪雷乡亲，皆是极为普通的村民。他的性格内向，是天然的秉赋，而较为安定的家境和良好的教育，则为他内向的性格提供了最好的庇护。他在家中排行老三，哥哥和姐姐喜欢这个不大吭声的弟弟。当时，他们最爱玩的儿童游戏，是捉迷藏。陈景润爱看书，床头放了不少他喜欢读的书。游戏当然也有诱惑力。不过，陈景润捉迷藏的时候，方式有点特别，他往往拿着一本书，藏在别人不易发现的角落或桌子底下，一边津津有味地看书，一边等待别人来"捉"他。看着看着，他忘记了别人，而别人也忘记他了。爱书成癖，书中仿佛有着一个永远也无法穷尽的迷人天地，这种痴迷，深深地影响并改变他的人生。

兄弟姐妹了解他，久了，也习以为常。陈景润的父亲有一个特殊的嗜好——养乌龟。他喜欢乌龟的沉默和那非凡的耐性，居然把它们养在房间里。于是，当父亲不在的时候，乌龟便成了孩子们难得的活玩具。儿童是不乏创造性的，陈景润喜欢和兄弟姐妹站在乌龟上，可怜的乌龟，本来就爬得很慢，背上驮了这群淘气鬼，更是寸步难行。孩子们就比赛谁站得最久，每当这种比赛，陈景润往往是输的，因为他容易分神，站着站着，就想起枕边那一堆乐趣无穷的书了。他默默地走下乌龟背，宁可认输，也不愿放弃自己那一份萌自内心的爱好。

他当然不会想到以后会去摘取数学皇冠上的明珠，更不会料想到因为爱书而走上的攻克科学难关道路须经历九九八十一难。少年时的陈景润，不是丑小鸭，也不是城里大户人家那种养尊处优的公子，而是深深植根在文化气息很浓的福州市郊土地上的一棵质朴无华的小树。离他家数里之遥，是属于闽侯县的尚干镇，背靠雄踞一角的五虎山，明净的陶江从镇前流过，中国共产党领导的早期工人运动领袖林祥谦就出生在这里。翻开近代史，辛亥革命时期的著名革命志士林觉民，仿佛正吟诵着慷慨悲壮的《与妻书》，从逶迤的小巷中向你走来。抗战期间的国民政府主席林森也生于此地。福州地灵人杰，近代出了世界禁毒第一人林则徐，古老的三坊七巷中，依稀仍可寻觅到他那疾恶如仇伟岸正直的身影。冰心老人的故居在南后街，她是海军世家的后代。起源于洋务运动的中国近代海军的摇篮，是福州马尾的海政学堂。当年，人才济济，福州人更是海军的中坚。和粗犷豪放豁达开朗的北方汉子相比，福州人的气质显得坚韧内秀蕴藉含蓄。这种深厚文化积淀的土壤里生长出陈景润这样的伟材，并非偶然。

乡间的纯朴和缤纷，大自然的慷慨和变幻无穷，令小陈景润受益匪浅。他不乏孩童的好奇，很喜欢蜜蜂这种乡间司空见惯的小生灵。站在妖媚的阳光下，看蜜蜂繁忙地飞来飞去，嘤嘤嗡嗡，自个儿轻声地歌唱，采花酿蜜，让小陈景润感到无穷的乐趣横溢心中。他觉得看蜜蜂比踩乌龟有趣。虽然他并不可能领悟蜜蜂自己吃得最少却为人类酿造甜蜜生活的高尚，但天缘中的偏爱，却使我们深深地感受到，陈景润品格中的崇高之处：一边过着苦行僧式的生活，一边却忘情地创造人类的辉煌——攀登科学的巅峰，与此有着无法割断的联系。

城里孩子的灵秀和见识，乡间孩子的纯朴和勤奋，如此和谐地统一在陈景润的身上。三十至四十年代，国家衰败，民不聊生，他却有幸接受着比较良好的教育。他在福州仓山上三一小学，这是一所设备比较完善的教会学校。尽管社会动荡不安，战火绵延不绝，这片外国人聚居的风景胜地，仍是处处浓荫匝地、鸟语花香。他专心致志地读书，神游初识的文林学海，展现出不凡的慧心和悟性，念了两年，便开始跳级。老师喜欢这个默然少语的学生，同学和他接触不多，但并不歧视他。外面的世界很精彩，他更大的乐趣是在比外部世界更为宽广丰富的心灵中遨游。

天缘如雨，滋润、沐浴着这棵崛起于闽江之滨的栋梁之材。

不幸的魔影，终于还是不放过尚未识人间苦难的陈景润。少年时代的无忧无虑，被突然降临的灾难淹没。

陈景润才十岁，母亲突然病逝。正需要母爱的温馨年龄，他永远失去了亲生母亲那铭心刻骨的微笑，永远失去了那声声入耳入心的呼唤。他怎么也不相信，长得白皙，一脸温和的母亲，会停下手中忙忙碌碌的操劳，会撇下众多儿女撕心裂肺的哭喊，撒手而去。

这是他第一次尝到人生的沉重和悲伤。他大哭不已，不吃饭，也忘了吃饭。十岁，还是稚气未脱的年龄，怎能承受得了严霜厉雪般的摧残和打击。当一脸悲戚的人们，把母亲放置进阴森恐怖的棺木中的时候，小陈景润目不转睛地盯着那张变得青灰色的熟悉的脸，泪如泉涌。他的心几乎碎了。

母亲疼爱他。小时候，兄弟之中，数他长得瘦弱。因为没有奶水，陈景润从小就喝米汤，有时，甚至米汤也喝不上，只好到邻居家去讨一点。陈景润小时多病，缺钱，请不起医生，多次奄奄一息，眼看就活不成了，不知有多少次，这位母亲为之悄然流泪，但陈景润生命力极强，总是一次次地挺过来。稍为长大之后，母亲却发现，陈景润吃饭吃得最快。福州人爱吃稀饭，不是清汤寡水式的，而是煮得又黏又稠，人们调侃称之为"鸡摇头"，但福州人吃起来却觉得爽口而易下肚。他不挑食，稀饭配咸津津的大头菜，外加一点咸鱼，他便不胜餍足。母亲在时，他往往不等全家人坐齐，便一个人打了饭，自个儿吃将起来。从小，他吃饭像是例行公事，吃完了把饭碗一推，抢着去看书。人说时间是生命，他当时并没有这么深刻的认识，在他的目光中，时间是知识。只要有时间，便可以看许多有趣的书，他多么想把分分秒秒都捏在自己的手里。他这种心情，母亲很能理解，因此，从来不责怪他，只是亲昵地站在一旁提醒他："吃慢一些，吃慢一些，别哽住了呵!"如今,言犹在耳,而疼爱自己的母亲却永远永远地走了。

或许,是他的身体最弱,母亲特别关爱他。这个勤劳、贤惠的农村妇女,生了十二个孩子,其中六个孩子很小就夭折了。正因为如此,她对身体状况特别不好的陈景润多一份关切。陈景润从小就从母亲那慈祥的目光中深深地感受到这一份特殊的厚爱和幸福。而如今,母亲突然永远离他而去,他怎能不为凄凉乃至心碎呢!他孝敬父母,骨肉相依的舐犊之情,是他生命中重要的组成部分。生性内向的他,经历少年丧母的悲剧,更为沉默寡言了。

书,为他分担和化解了难以排遣的忧伤。失去母亲的抚爱和关照,他的生活更不讲究了。家境仍然不差,但中国传统家庭的节俭之风,深深地融进这个小康之家。他穿的衣服,大部分是哥哥退换下来的。文具盒也十分粗糙。没有钢笔,只有铅笔。家做的布鞋,便算是奢侈品了,他舍不得穿,常穿木屐,这是一种木头做的拖鞋,走起路来,呱嗒呱嗒地响。当时的福州,平民百姓皆穿木屐,一片木屐声,算是一种特殊的风情。天热了,他还爱赤脚。这种不爱穿鞋的习惯,一直延及他成名之后。在北京中关村数学研究所,他终年穿一双四面通风的老式塑料鞋,煞有介事地向同事介绍经验:"塑料鞋好,穿塑料鞋不长脚气。"应当感谢胪雷农家乡风的熏陶和洗礼,使这位数学奇才从小就养成简朴的习惯。

中年的陈元俊,日日忙于公务,又要照顾一群幼小的孩子,委实无法适应操劳奔波的生涯。经过慎重的考虑,他娶了后妻。这事在家庭中并非小可,孩子们出于对生母的眷恋,心里自然多少有点抵触,感情上增添了难以言传的惆怅。尚不谙世事的陈景润,感到从未有过的迷惘,一个陌生的女人闯进他的生活,要担任管教他抚养他的母亲的角色,他不知如何办是好。陈景润保持沉默,静静地用自己的目光观察,然后判断是非。他从小就很善良,不愿意伤害任何人,何况还是继母。

游戏仍是孩子们的天性,家庭的变化,并不妨碍他们嬉戏的乐趣。小陈景润同样爱玩。当时流行玩弹弓,用弹弓打麻雀,打树梢上的蝉……他带着弟弟陈景光,和小同学们玩得很开心。不料,乐极生悲,一位调皮鬼失了手,弹弓中飞出的小石块，如子弹般击中陈景光的嘴唇，顿时，血肉模糊，惨不忍睹。陈景润陪着弟弟大哭起来，小伙伴们全慌了。送到医院，缝了好几针。继母闻讯赶来，这位曾在幼稚园工作的年轻阿姨，自然而然地担当起护理孩子的天职。景光嘴唇浮肿，不能吃饭，她噙着泪，用小汤匙一口一口地喂牛奶。这一切，陈景润都看在眼里。他不善言辞，却用温和的目光表示心中深深的感激。陈景润的兄弟姐妹最后终于接受了这个母亲。解放以后，继母一直在百货公司工作，苦心操持家务，尽心尽职，口碑一直很好。五十年代后期，陈景润的哥哥陈景桐下放，他的女儿就是由这位贤慧的母亲抚养的。解放以后上了大学当上医生的陈景光，更深深记住继母的恩泽。继母后来不幸患上癌症，五十多岁就去世了。陈景光精心为她治疗，儿女们一起妥善办了后事。远在北京的陈景润同样挂心着这个母亲，寄来了钱，后来回福州时，特地去悼念。宽容、善良，陈景润在步入人生的少年时代，处处闪现这一动人的异彩。

并非不谙世事，更非不通晓人情，陈景润早早就品尝了人生的多味，酸甜苦辣，尽在胸中。他无缘当象牙之塔中的小居士，也没有独自在书斋中耕耘一角而两耳不闻窗外事的福分，而是从小就跋涉在芸芸众生坚实、平凡而不乏琐碎甚至庸俗的旅途上。他的可贵之处是不被凡人俗事淹没，而是用沉默筑起无形的马奇诺防线，拒尘嚣于门外，然后悉心播种希望，耕耘春秋，他的这种人生态度和轨迹，可谓源远流长。

或许，正是这种独特的人生抉择，使他在处理世间人事时一直显得木讷有余，不擅周旋，和圆滑、刁钻更是形同水火。但他心中却是清清楚楚的，谁好，谁劣，自有个明确的数。他几乎把所有的精力都放在学习上。他爱数学，枯燥的数字，就像音乐家手上的音符，色彩缤纷，跳动着，神韵非凡，编织出一曲曲扣人心弦的歌。在学苑里，尤其是数学王国里，他是潇洒风流纵横驰聘的骄傲王子。

人生百味，能独享一味之绵长，是幸运的。

求学之路

陈元俊是个小知识分子，重视孩子的教育，虽然家里经济拮据，还是把三个小孩——陈景桐、陈爱华、陈景润送到福州三一小学读书。该校由教会办理，环境幽雅，老师也很敬业。陈景润天资不同寻常，除了学好功课，还把哥哥、姐姐的书拿来读，不懂就问他们。在三一小学的时候，陈景润的成绩总是全班第一名。因为他提前读了哥哥、姐姐的课本，因此，课堂上往往提出超纲的问题，老师特别喜欢他。

一九四四年冬天，日本鬼子第二次进占福州，当时陈景润十一岁，尚在读小学四年级。父亲调到三元县任邮政局局长。这个三元县，后来成为三明市的一部分。一九四〇年，国民政府以三元镇为基础，增划邻近的沙县、明溪、永安三县部分地区设立三元县，一九五五年，国务院将三元县和明溪县合并，各取一字，所以有今日的三明市。陈景润在三明整整读了四年书，一九八三年年初，陈景润曾经写过《回忆我的中学时代》一文，回忆起在三明读书的情景时："当年学校设在山上的一座破庙里，外面下大雨，教室里也跟着漏雨。大批爱国人士被捕入狱，物价暴涨……"在如此恶劣的社会环境和求学环境下，陈景润仍然坚持认真学习。

国难当头，陈景润已经从人们满脸的惊惶和满目疮痍中体味到世事的艰辛了。当时的三明，四面是深山老林，野兽出没无常。破破烂烂的县城，一片颓败的木屋掩映在昏黄的夕阳里。他家的住宅附近缺水，小个子的陈景润常和兄弟们一起到远处的地方挑水。他力气小，舀水的活儿归他，他很尽心尽力，干得一丝不苟。一边舀水，一边把英语译成福州俚话甚至顺口溜，引得兄弟们一片嘻嘻哈哈。人们赞叹陈景润很不寻常的英语功底，但怎能知道，他那得趣天然而又不乏机智的学习方法，竟源于三明的莽林野坳之中呢！

在三明，陈景润在三明实验小学即当时三民镇中心小学读书，后来转入三明一中读中学。特别值得一提的，陈景润在三明一中读初中时，遇到陆宗授老师，他是启蒙陈景润钻研数学、痴迷数学的老师之一。虽然当时陈景润尚在读初中，并不了解数学世界的神秘、博大，也不甚清楚数学的巨大作用，但陆宗授等老师点燃了陈景润对数学极为浓厚的兴趣，引他进入痴迷境界。兴趣是入门乃至成功的入场券，从这一点看，陆宗授等老师对于成就未来陈景润功不可没。

一九四六年八月，即日本侵略者宣布无条件投降的第二年夏天，陈景润随父亲回到福州闽侯，当时他已经在三明读完初中二年级的所有课程。父亲本来打算将陈景润转到闽侯县（当时更名为林森县）读县立初级商业学校（福州九中的前身），后来转到福州三一中学继续读初中。全家回到闽侯不久，陈景润的母亲因患严重的肺结核病而离开人世。全家七口人的生活重担，全部压在父亲陈元俊一人身上。家庭变故，负担沉重，为了节约开支，应付极为困难的局面，陈景润的哥哥和姐姐初中毕业就不再上学。陈景润即将初中毕业，父亲曾经计划待陈景润初中毕业就送他去学一门手艺以谋生。

得知这一消息，酷爱读书的陈景润慌了。他苦苦哀求父亲："父亲，你还是让我上学，我今后每天只吃一顿饭就可以了，课余时间我帮家里干活。"说完，他两眼含着泪花，嘴里反复地叨念着："我要读书，我要读书！"

姐姐搂着瘦弱的陈景润，流着眼泪说道："母亲临终前有交代，说要让润弟尽可能地上学读书。母亲是担心润弟体弱多病，承受不了重活啊！他从小不善交际，只有好好读书才是最好的出路。"说着说着，姐姐趴在她父亲身上伤心地哭泣起来。

父亲心软了。同意陈景润继续读书。

陈景润的求学之路，并不容易！

一九四八年二月，成绩优异的陈景润到英华中学上高一春季班。其时，解放战争的炮声震天，战场主要在长江以北，福州还仿佛是世外桃源，教师抑扬顿挫的讲课声，伴随着岚影飘飞。

进入英华中学读高中的陈景润，开始展开翱翔的翅膀。

陈景润能够进入英华中学，有一段逸事。这所教会办的学校，门槛很高，而且不以分数高低招生。陈元俊在胪雷老家有个大名鼎鼎的亲戚——时任国民政府海军部长的陈绍宽。为了让陈景润有个好学校，陈元俊特地写信求陈绍宽帮忙，身居要职的陈绍宽写了一封信给福州格致中学的校长介绍陈景润到格致中学就读，不知何故，陈景润把这封信交给英华中学的校长，校长看了信，发现陈景润的确是个很优秀的学生，欣然同意陈景润到英华中学就读。

是命运的青睐吗？进入英华中学读高中的陈景润，开始展开翱翔的翅膀。

福州，仓山，碧波融融的闽江，隔断了闹市的喧嚣。古树森森，数不清的榕树、樟树，幻为浓得化不开的云彩，亭亭如盖。西式的别墅，爬满不凋

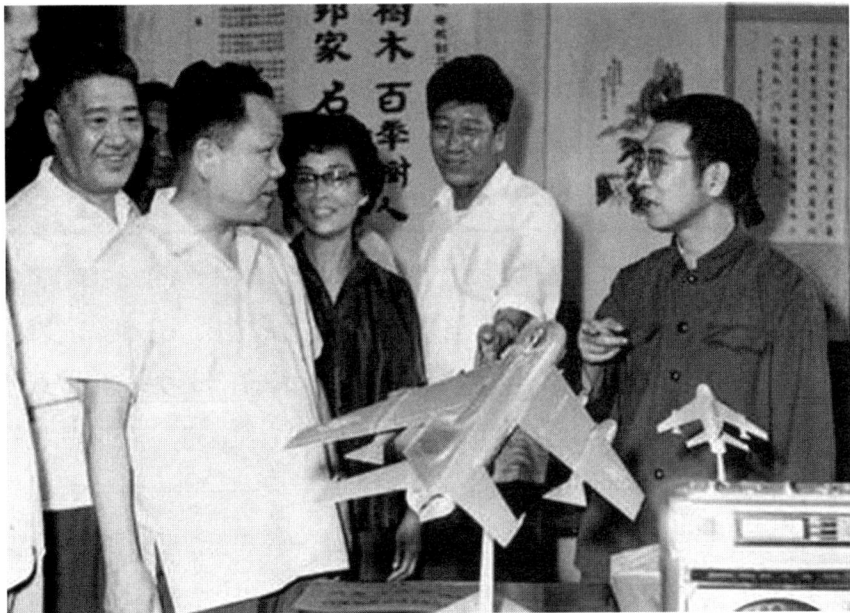

陈景润（右一）参加福建师大附中一百一十周年校庆

的藤萝，静静地，宛如沉醉在昔日浪漫不羁的记忆里。一棵数丈高的三角梅，繁花似锦，恰似辉煌的火炬，令人心荡神摇。踏着浓荫，沿着长满苔藓的围墙，一道蜿蜒曲折高高低低的小径，仿佛是历史的纤绳，轻盈地系住遗落无数传奇的校园。这便是陈景润高中时的母校——英华书院，后来改名为英华中学，现在为福州高级中学。

英华中学是福建师大附中的前身，早已迁往师大的一侧，此地仍是书声琅琅，永远留下的，是一代数学巨人不泯的脚印。

四周，数百年的古榕环立，像历经沧桑的老人，飘着长须，满头青丝依旧，喃喃地倾诉着堪称永恒的岁月。沿八字斜坡而下，正好走一个"之"字，就到正中的操场。当年，这是一所声名远播的教会学校，说来也奇，并没有培育出什么出名的传教士，倒是培养出一批铁骨铮铮的共产党人和很多著名的专家学者，福建地下党的骨干不少出自这里。烈士们的高风亮节和学者们的卓越成就，相得益彰。方寸之地，仅是后来成为全国学部委员（院士）的，就达六人之多。操场不大，一侧是红砖砌成的教堂，哥特式，心形的大窗，塔式的屋顶，高高的钟楼，无言地系着那已经陌生的远去的历史。当年，教堂既做礼拜，也兼做礼堂。尚未迈入青年门槛的陈景润，也曾在这里倾听过上帝的"福音"么？

和教堂相对的是图书馆，几棵绿漾漾的樟树，像莘莘学子，虔诚恭敬地日夜守护着这里的温馨和宁静。楼房正方形，白色，西式，拱形的百叶窗犹在。在福建教坛，英华享誉上下，当年，花环状的大门上，骄傲地悬挂着四个大字"唯我英华"。全校学生集中在操场上，听校长训话，校长的背景就是这四个字。一脸严肃但心地慈爱的校长，当时并没有注意到，下面黑压压的人群中，会有一个令世界为之瞩目的陈景润。

陈景润向来不引人注目，尽管他父亲仍是邮电局局长，虽有点工资，但物价飞涨。他节俭惯了，穿着粗布旧衣服，他排行老三，衣服只能拣哥哥的穿。仍没有钢笔，用铅笔记笔记，做作业。他不爱说话，遇到同学也不会绷着脸，而是笑一笑，算是打招呼了。和善、老实，是中学同学对他的总体印象。长期看书，且爱躺在床上看，患了近视，戴着一副眼镜，一条眼镜腿断了，用一根线绑着，初看，有点滑稽，也显得"寒酸"，但他从不在意。英华中学校风不错，同学并不歧视他。早早就来上学，上完课背起书包就回家，一头钻进书堆中。因此，一副书呆的模样，当时，学生们把那些用功读书的学生叫"booker"，这并非是英语单词，而是福州方言中书呆子的译音。陈景润是班上有名的"booker"。

对书，他迷得太深，上课全神贯注，微微地张着嘴巴，思绪随着老师的话语缓缓流动，心无旁骛。在诸多功课之中，他最喜欢数学，高中的数学老师，除了首次给他们讲"哥德巴赫猜想"的沈元老师外，还有陈老师、何老师，他们都学识渊博且要求很严。讲课时，学生不敢有任何超越规范的举动，鸦雀无声。循循善诱的老师指点迷津，传道解惑，一丝不苟。课后，布置的习题很多，可以选做，陈景润每次都把习题全部做完。

解题是一种洋溢着无限乐趣的劳作，那是心智的比试和较量，一步步，如探迷宫，山穷水尽疑无路，冥思苦想，突然，一缕阳光，摇曳着七彩的光晕，骤然而至，乌云散尽，柳暗花明又一村的美景，带着怡荡的春意，和盘托出，真是美不胜收，妙不可言。平凡的日子，在一次次千变万化的解题中，变得丰富多彩、有滋有味。困惑和失败当然是常有的，正因为如此，像攀登悬崖绝壁之间的羊肠小径一样，一峰让过一峰拦，踏尽层峦叠嶂，直上峰顶，那种揽尽无限风光的喜悦和自豪，使所有语言都显得苍白无力。对于解题，陈景润向来不吝惜时间和精力，其奥秘就在于此。老师和同学都不得不赞叹陈景润自觉刻苦学习的精神。

在班上，陈景润并不是成绩最冒尖的。因为他对学习有自己的主见，他不单纯地跟在老师的屁股后面跑，也不盲目地追求甚至迷信卷面分数。他身体虽然瘦弱，但记忆力十分惊人。他从不满足于读懂，而是把书本上许多极不易记的数理化概念、公式、定理、定律背得滚瓜烂熟，一一化入自己的脑海，要使用时，犹如囊中取物，手到擒来。他的背书本领，在学校成为佳话。化学教师要学生背一本书，许多同学都认为很困难，陈景润却笑着说："这一点很容易，多花点功夫就可以背下来。"果然，过了不久，他当着老师和同学的面把这本书琅琅地背出来了。

强烈的求知欲望，使他形成独特的学习方法，他总是把老师讲的基本知识读得滚瓜烂熟，布置的作业全部做得工工整整，然后大量地阅读有关的课外书籍，向更高的知识领域进军，仿佛攀登风光绮丽的山峰，他尽量站在最高的地方，鸟瞰美不胜收的佳景，品味、领略最动人之处。应当感谢英华中学图书馆，历经沧桑之变，至今仍保留着陈景润念高中时的借书卡，他念的是中学课程，借阅的图书却有：大学丛书《微积分学》、大学丛书《达夫物理学》、哈佛大学讲义《高等代数引论》、《郝克士大代数学》、《密尔根盖尔物理学》、《实用力学》，这些都是高深的科学专著。从借书卡上还可以看出，《微积分》一书他先后借了两次，可见是认真钻研的。一个中学生，学好本身的课程之余，大胆地闯入气象万千的大学殿堂，在那里津津有味地俯拾珍奇，他毫无自惭形秽之色，敞开心灵，吮吸着知识的乳汁，滴滴甘甜，尽入口中。陈景润日后的辉煌，是从中学时代开始扎扎实实地奠定坚实基础的。陈景润崇敬老师，别看平时沉默寡言，但向老师请教，毫不羞涩和胆怯。学问学问，很多知识是问出来的。陈景润的勤学好问，在英华颇有名气。他的求教方式很有趣，看到老师外出，或者老师从高中部到初中部去，他就紧追上去，和老师一起走一段路，一边走，一边问问题。小径浓荫如泼，偶尔，也有斑驳的阳光，纷纷扬扬地洒落下来，那师生并行的剪影，悄然剪断岁月的苦涩和艰辛，幻成一幅永恒的写意画，装点着英华的一片好风景。

老师是照亮学生前行的烛光，陈景润把这生命之火虔诚地融入自己的求学之旅，高中最后教数学的是陈老师，近半个世纪过去了，这位德高望重的老教师还清晰地记得，陈景润不仅向他请教初等数学的问题，而且经常向他请教高等数学的有关问题，向他借阅日本学者写的《微分学问题详解》《集合论初论》等。高楼万丈起于平地，中小学是基础。陈景润正是遵循着这一科学的规律，扎扎实实地学好中学课程，充分发扬主动学习的精神，在打好坚实基础的前提下，涉猎更高层次的领域，终于成为举世闻名的数学家。

陈景润（左）和他在英华就读时教他的最后
的一位数学老师陈金华相逢

人生的道路是一步一个脚印走出来的，英华苦读，陈景润迈出坚定而可贵的第一步。

成功往往源于机遇。它是触发创造灵感的电火花，它是预示百花齐放万紫千红季节的第一缕春风。千金难买的邂逅，恰似缘系万里之遥的幸会，留下旷世不凋的传奇。

一九四八年，陈景润正上高一。命运钟情于他，沈元教授走进英华，走进陈景润的生活。沈元是福州人，毕业于英华中学，一九三六年考入清华大学。一九三七年，抗日战争爆发，他随清华大学匆匆撤退到湖南长沙，而后辗转到昆明西南联大继续学习。几年后，沈元从西南联大航空工程系毕业，留校任教。一九四三年，沈元获得英国文化委员会提供的奖学金，赴英国伦敦大学帝国理工学院航空系攻读博士学位。一九四五年获得哲学博士学位，成为英国皇家航空学会副高级会员。一九四六年夏天，沈元回国在清华大学航空系任教，任航空工程系主任。一九四八年，沈元父亲去世，回福州奔丧。当时，正值解放战争，长江以北，硝烟弥漫，杀声震天。南北交通暂时中断，沈元滞留福州。声名远播的知名学者，很快就引起学界的注意。协和大学盛情邀请沈元去讲学，他婉言谢绝了，他的一颗心，依稀仍留在北平清华园。英华中学是他的母校，得知他的讯息，请他为母校的中学生上课，这位对培养了他的母校情深意重的学者，欣然答应。不教大学而去教中学，沈元的选择，的确有点出人意料。乡梓观念较重的福州人，远远没有想到，此举居然会演义出数学界几乎是惊天动地的一幕活剧。

这是缘分。然而，沈元独钟陈景润，这颇值得思量。

航空工程，驰骋蓝天的伟业。谙熟这一领域的沈元教授，如今是中国科学院的院士，北京航空航天大学的校长。当时，正值潇洒博识的青春年华。他一走进英华中学，站在陈景润所在班

少年之梦

陈景润（右）和恩师沈元喜相逢

级的讲坛上，立即引起所有幼稚中学生们的一片倾慕。不善言辞的陈景润细细地打量着沈元，和蔼，平易，可亲可敬的微笑，如五月的阳光，令人心旷神怡，字正腔圆的京腔，洋溢着淡淡的乡音，入耳入心。沈元教授讲课风趣，形象生动。学贯中西的学者，放牧中学数学的芳草地，恰似闲庭信步，指点流云、飞鸟、小草、露珠，本是单调乏味的数学概念、定理、公式，仿佛全都鲜灵灵地闪烁着生命的异彩。数学，凝聚着人类智慧和创造的学科，竟是一个何等鲜活何等瑰丽的天地。

同学们入迷了。陈景润更是如痴如醉。沈元从心坎里喜欢母校这些天真可爱的中学生。或许，是为了激发同学们学习数学的兴趣；或许，是寄希望于这些朝气蓬勃的学子们；或许，是一个大学者神游数学王国之时，无意中扯来了一片奇光闪烁的落霞。在一次讲解中学数学时，他谈起世界数论中著名的难题：哥德巴赫猜想。

数字是平凡的，有谁不知道那几乎伸手可触的1、2、3……这些符号呢？数字又是神奇的，当由这些貌似平凡的数字编织在一起的时候，其千变万化的奥妙，是浩瀚的大海，无垠的长天，是穷尽一生也无法全部破译的整个世界。在数论中，有两个基本的概念，小学三年级的学生就接触过了，一是偶数，凡是能被2整除的正整数，就叫偶数，如2、4、6……；其余的1、3、5……就叫"奇数"。二是素数，除了1与它自身以外，不能被其他正整数整除的这种数，就叫"素数"，最初的素数有2、3、5、7……另外的正整数，就是除1与它自身外，还能被别的正整数除尽，这种数叫作"复合数"，最初的复合数有4、6、8、9、10……就是这些看上去很普通的东西，蕴藏着极为玄妙的天机。拭去岁月的烟云，展现在人们面前的，是一代代智慧非凡的数学家乃至大师们精妙绝伦的探索之功。

沈元讲课谆谆善诱，讲完这些基本知识之后，话锋悄然一转，恰似高明的导游，将几十双眼睛齐刷刷地引向万象森森的数学峰巅。

一七四二年，德国著名的数学家哥德巴赫发现一个奇妙的数学现象：每一个大偶数都可以写成两个素数的和。例如 10，可以写成 7 + 3。什么原因呢？却无法证明，他自己也无法证明它，于是，就写信给当时意大利赫赫有名的大数学家欧拉，请他帮忙证明，欧拉穷尽一生，也未成功。这道难题，吸引了成千上万的数学家，两百多年过去了，仍然仅是一个"猜想"。

云遮雾障，横断巫山，遥看层峦叠嶂无数，流泉飞瀑之声依稀可闻，可谓"引无数英雄竞折腰"。自然科学的皇后是数学，数学的皇冠是数论，哥德巴赫猜想则是皇冠上那颗华光四射的明珠。沈元以一个练达老到数学家严密的逻辑思维，把中学生们的心撩拨得如火如荼。

陈景润痴痴地微张着嘴巴，此刻，他已经无暇顾及周围同学那一双双惊讶地瞪大的眼睛，他的思绪时而随着老师的话语，巡视异域风光的瑰丽奇秀和迷人的风情，时而独自云游开去，浏览数学世界的波光云影，林林总总。他是一只雏鹰，羽毛未丰，不敢远飞，但一眼瞭去，似有无数仙鹤飞舞的神圣之地，已足以让他心荡神摇。呵，数学，自己神往痴迷的学科，居然有如此广阔如此雄奇如此令人倾倒的魅力。他如痴如醉，乐而忘返。

或是讲累了，或是让学生在随他跋涉之余，稍作歇息，沈元将教鞭轻轻地放在讲台上，喘一口气，学生们乘机活跃起来，几个胆大学习也不差的学生跃跃欲试，居然向老师夸下海口，这道题，由我们来做。小学三年级就接触过了，有什么了不起！无忧无虑的中学生往往把登天看作举步之遥，这是他们的纯真可爱之处。

老师笑了，轻松而闲适。他不想做更多的解释，更不愿打击他们的"雄心壮志"，只是诙谐而幽默地说："我昨天晚上做了一个梦，梦见你们中间有一个同学，他真是了不得，他证明了哥德巴赫猜想。"

轰地一声，所有学生笑了。欢快的笑声，如极为灿烂的南国独有的三角梅，醉了春天，醉了闽江，醉了正孕育在战火之中的未来的人民共和国。

是调侃，还是真有此等奇梦，和陈景润有师生之谊的沈元，后来成了陈景润的知交。两位同乡常在一起切磋数学春秋，一起出访美国，一起回到英华中学参加校庆，两个人还一起在英华中学校史展览馆中，意外地发现当年念中学时留下的借书卡。他们之间无所不谈，谈起这堂不同寻常的数学课，沈元总觉得恍如就在昨天。他实在没有料到，当年说的梦，居然会幻出辉煌的现实。

沈元、华罗庚和陈景润

有点让人无奈的世界，真是太奇妙了！人间活生生的传奇，不知要比杜撰的神话精彩多少倍。

陈景润当然也笑了，内向的他不像其他同学笑得那么浪漫、狂放，他把最美的笑容深深地珍藏在心底。同学们谁也没有注意到他。中国人有一句俗话"真人不露相"，浅水滩上的浪花哗哗地响，深潭里的旋涡却是毫无声息。

第二天上课，几个成绩在全班拔尖的同学，兴致勃勃地向沈元教授交上自己做出来的"哥德巴赫猜想"。沈元把这些卷子捏在手中，笑吟吟地说："我不看，不看，你们真的认为，骑着自行车，就可以到月球上去么？"

又是一阵开怀的笑声，放肆地溢出教室。莫笑当年这些中学生的无知，时至今日，位于北京中关村的中国科学院数学研究所，还经常接到来自遥远地方的沉重的邮包，打开一看，声称是已经攻克世界数学难题——哥德巴赫猜想。还有扛着大麻袋草稿纸的陌生访客，同样自诩是攻克哥德巴赫猜想的英雄，而这些人，往往连最基本的数论常识都不懂。枉费了时间和生命，令人可笑又惋惜。

陈景润没有去做卷子，初晓数学的他，却牢牢地记住老师讲的那个梦。梦断昆仑，梦断人生的苦涩和艰辛。它如一颗神奇的种子，落在这位尚是青少年的数学奇才的心田里。

陈景润在英华中学结缘沈元，开启了他的"哥德巴赫猜想"之梦，成就了一个划时代的数学奇迹。应当说，陈景润和英华中学有缘，和沈元教授更是有缘。一九八一年，英华中学百年校庆，陈景润和沈元同为该校校友，以重要嘉宾的身份回母校参加校庆。在参观学校图书馆时，人们发现，一对师生，名字出现在同一本数论专著的借书卡上，是神秘命运的独特安排吗？所有陪同他们的人们都为之惊叹不已。

大海扬帆

陈 景 润 传

爱因斯坦

厦门，美称鹭岛。闻名遐迩的海上花园。位于大海之滨的厦门大学，背靠风光奇秀的五老峰。红墙，廊柱，琉璃瓦，依山傍海的校园建筑，像富丽而清纯的钢琴协奏曲，婉转悠扬，洋洋洒洒，尽情地抒发着南国的浪漫和妩媚。细细看去，不得不叹服校主嘉庚先生非凡的审美眼光，中式的大屋顶，写意的飞檐吊角和西式的瓶形栏杆，和谐地构成它的庄重和飘逸，历经风霜，历经大半个世纪，依然如风姿绰约的丽人，洋溢着迷人的异彩。如果说，厦门是饮誉中外的海上花园，厦门大学就是这座海上花园的"园中园"。如今，年年游客络绎不绝，都把参观厦门大学列入重要的旅游项目。

陈景润是幸运的。一九四九年秋，福州解放，他尚是十六岁的高二学生。满目红旗如火，他所在的班级，被命名为"朝阳班"。新中国如灿烂的红日，从地平线上冉冉升起，那斑斓的万道金光同样把他的心照亮了。他对未来充满期望。一九五〇年春夏之交，他高中尚未毕业，毅然以"同等学力"的资

青年陈景润

格，报考素有"南方之强"美称的厦门大学。他被录取了。喜讯传来，喜出望外。家里人也为他高兴。

当时去念厦大，是颇要有点胆量的。因为，抬头便可望见仅一水之隔的国民党控制的金门诸岛。炮声不断。红旗插上了厦门岛，但空中却未完全解放，我空军部队尚未入闽，国民党反动派倚仗自己有几架飞机，常来骚扰。陈景润的家里人出于安全和

爱护，曾劝陈景润就近在福州念大学，一心向往厦大的陈景润，却毫不动摇，当家里人委婉地以经济原因挽留他留福州就读时，他倔强地回答："就是走路，我也要走到厦大去！"这一片钟灵毓秀之地早已辉映在这位未来大数学家的心中。当时，交通很不方便，为了躲避敌人的空袭，汽车要用树枝伪装起来，走走停停，居然走了一个星期，才从福州抵达厦门。

第一次出现在厦大校园中的陈景润，毫不引人注目，他穿着一身黑色的学生装，头戴黑色的学生帽，脚上是当时被称为万里鞋的最普通的胶底鞋子，他不穿袜子。提着一个很破旧的小藤箱，一个小小的被盖卷，外加一件哥哥送给他的旧大衣。哥哥陈景桐是解放前厦大法律系的毕业生，深知秋冬海风的凛冽，特地把自己的大衣给陈景润御寒。对生活一贯毫不在意的陈景润，全部思绪很快就被厦大优裕的学习环境紧紧地吸引住了。

当时，陈景润念的是数理系，入学时只有三个学生，后来，上一届留下的一个同学编了进来，四个学生一个班，老师几乎是手把手教他们的。学生宿舍在博学楼，也就是当今的厦门大学人类博物馆。走进由著名画家徐悲鸿先生亲自题写门匾的这座花岗石建筑，仍然可以寻觅到陈景润当年住的宿舍：一二三号房间。当时，六个学生住一间。陈景润睡的是下铺。神往和钟情数学的陈景润，正如高尔基所描绘的"像一个饥饿的人扑在面包上一样"，他很快就陷入痴迷的状态。

早在中学，他就开始涉猎大学课程，如今进了大学，他怎肯轻易罢休。时间，被他分解成一个个已是无法切开的小单元，而他把这一切全用于如饥似渴的学习中了。说来让人难以置信，身居厦大，抬头便可以透过海光岚影看到楚楚动人的世界级风景区鼓浪屿，陈景润却一次也没有去过。近在咫尺的南国名寺南普陀，一派金碧辉煌，晨钟暮鼓，他也极少涉足，更莫提花花绿绿的厦门市区了。他的生活节俭到令人难以想象的程度，每月只用三四元钱的伙食费，同学们常看到他只用馒头就咸菜甚至蘸点酱油充饥。他一天只吃两顿饭。厦门海鲜多，当时价格也相当便宜，为了节省，他很少挑选这些较好的菜肴。其时，建南大会堂未建设，学校的东膳厅，每逢周末放电影，门票只需五分钱，三年大学生活，陈景润一次电影也没看过。为了节省衣服，他洗衣服也舍不得用力去搓，往往只是在水里泡一泡，抖一抖就提起来，晒干，再穿在身上。耐得住清贫，是一种可贵的品格，正如方志敏烈士在《清贫》一文中所写的那样："清贫，正是革命者战胜许多困难的地方。"解放初期，陈景润的家境，因为父亲没有工作，而显得有些窘迫，但陈景润的节俭并非完全是经济原因。八十年代他成名之后，经济条件很不错了，他依然如此，一架小型的收录机，学英语用，也是向数学所借的。到美国、英国讲学，对方付了一笔颇丰的讲学金，他也只用很少一部分，大部分积累起来献给了国家。他不愿意把过多时间和精力放在生活上，觉得愈简单愈好。至今，陈景润的姐姐仍保留着陈景润念大学时用的那个破旧的小藤箱。箱内，一双穿透了的万里鞋和几件破旧的衣服，默默地向世人昭示着这一段耐人回味的岁月。

当然，由于从小生活环境所致和过分的内向，他也有一些不良习惯，他不修边幅，几个月才去理一次发。不喜欢洗澡，不爱刷牙和洗脸。因为经常不刷牙，往往被同学取笑，后来，还是在同学的"逼迫"之下，不知从哪里买一支别人已经用了一半的牙膏。他对自己生活的苛刻，已经到了同学难以理解的程度。但他爱书，省下的钱几乎都拿去买书了。

陈景润把所有的精力都用在学习上。他读书有一套自己暗中制订的"高标准"，每天，他除了完成老师布置的作业外，自己还要根据学习的课程完成一批作业题，少则几十道，多则上百道。每到傍晚，夕阳映红大海时分，逢到潮汛，海滨上一片欢声笑语，人们前去游泳，尽情领略大自然美好的馈赠。陈景润却穿着那双露出脚趾的万里鞋，到老师的住处送作业，请老师予以修改、指教。婆娑的木麻黄已经成林，柔情依依的相思树，更是消融了无数流逝的岁月，一代数学奇才陈景润，却是捏着时间的秒表，为人们留下永恒的记忆。

　　攀登科学的高峰是不容易的，那是一步一步踏踏实实的跋涉，是以青春热血甚至宝贵的生命为代价的悲壮的拼搏。陈景润的身体瘦弱，脸色苍白，带着明显的病容，他害怕看病耽搁时间，结果生了病也不去看。实在坚持不住了，就躺在床上，一边看书，一边算是静养。

　　他准备了一个手电筒，那是夜晚读书用的，当时厦大虽然没有熄灯制度，但他也担心影响别人休息，到了深夜，就在被窝中拧亮手电筒读书。这种特殊的读书方式和习惯，一直延续到他在北京中关村工作时期。"文革"大劫，陈景润被揪到"牛棚"中，备受凌辱折磨。有一回，到处找不到陈景润，人们以为他逃跑了，四处搜寻，皆不见踪影。后来，才发现他就在"牛棚"中的一卷被窝里，瘦小的他躺在被窝中拧着手电筒看书。一烛亮光如豆，居然照耀着他大半生跋涉征途。清冷也罢，寂寞也罢，只有他独自品味其中的甘苦和绵长了。

　　他学习真正到忘我的程度，有一回，从食堂回来，厦门的天气多变，一阵海风，忽然吹来一片雨幕，同学们见状都飞跑起来，只有他独自漫步着，在雨帘中依然是那么地沉稳自在。同班同学杨锡安惊奇地问："你不淋雨么？"他才恍然大悟，说道，他根本没有感觉到下雨，他的心绪全部沉湎到一片书海中去了。一个人痴迷到如此，便必然引起众人的注目，像中学生起绰号一样，他的同学同样毫不客气地称他是"爱因斯坦"。当然，此时的陈景润还难以和提出相对论、改写了一个时代科学史的爱因斯坦相提并论，但他那种近似拗相公的执着，那种嗜书如命的忘我精神，却如出一辙，每一个成功的科学家，几乎都要经过这段"炼狱"式的旅程。

　　陈景润的同乡、校友、知交，中国科学院数学所的林群院士，对于陈景润的成功有一段异常精辟的见解："科学好比登山，有的人登上一座山，浏览峰顶的风光，就满足而归了。而陈景润却不一样，他同样登山，倘若上山有十条小径，他每一条小径都要去爬一次。他重视的不全是结果，而是贵在过程。直到把上山的所有的路全摸透了，他才会感到满足。功底、基础就是这样一步一个脚印建立起来的。"大学生时代的陈景润，日日解题不息，并且乐在其中，原因便在于此。

他依然保持着中学时那种沉默并近似孤僻的性格，独自在数学的王国中遨游。有一段时间，被检查出患了肺结核，不得不去住院，身体稍有好转，就回来继续念书。有时，居然连洗脸、刷牙也忘了。解放初期，大学中开展知识分子思想改造运动，主要在教师中进行，偶尔也会"烧"到学生头上，陈景润对政治运动是门外汉，这一回却被"烧"着了，他同样到大会上去做"检查"，非常虔诚地检讨自己，并且向大家保证：今后一定讲卫生，天天洗脸刷牙。没有人笑他。这位厦大颇有点名气的"爱因斯坦"能够做到这一点，就很不错了。

　　绿树如云，松涛，飞泉，山间，一条蜿蜒的小径，飘飘荡荡地系住深墨似的层峦叠嶂。一支徒步的队伍，正在行军。不是军人，也不是身着杂色服装的游击队，而是厦门大学的师生。抗美援朝战争爆发，中朝人民同仇敌忾，在"三八线"一带把美国侵略者及其帮凶打得焦头烂额。穷凶极恶的美国好战派居然把第七舰队开进台湾海峡，妄图阻止中国人民解放台湾，还不断制造紧张局势。位于前线的厦门，已经处处可闻到战争风雨的气息了。为了预防不测，1951 年 3 月，尚是春寒料峭的时节，厦门大学理工科奉命西迁龙岩。他们先乘坐汽艇到当时属于漳州的海沧，然后经漳龙公路经南靖、和溪、适中抵龙岩附近的东肖（即白土镇）。政治热情高涨的厦大师生，以军人的姿态迎接挑战，他们行军三百多里，一路高歌，偶尔，沿途做些宣传工作，一行人马，浩浩荡荡地向目的地进发，整整走了十天，才到目的地。

　　闽西是中国革命的发祥地之一。毛泽东同志当年率领红军走下井冈山，到赣南闽西开辟中央苏区，龙岩便是苏区的一个重镇。红军时代赫赫有名的邓子恢，解放以后担任过副总理，他就是龙岩东肖区龙泉乡泉井村（现东肖镇邓厝村）人。红军长征，有四万闽西子弟随军北上，湘江一役打先锋，大部分是闽西出去的红军。碧血悲歌，两万多闽西子弟兵用自己的鲜血为中央红军杀开一条突围之路。如今，厦大师生重走这条红军走过的道路，自是感慨不尽。当时，陈景润已读大学二年级了，他住的地方，还有一个洋溢强烈革命色彩的名字：红场。这是一个镇子的土名，当然不能和莫斯科红场相比。大潮退尽。山里朴实的农民虽然知道当年的红军已经打回来了，但刚刚诞生的共和国尚无暇顾及这些饱经劫难的革命老区。新到这里的厦大师生发现，这里物价太便宜，老百姓居然仍用古老的铜板、光洋作为流通货币。一切是那么地陌生，一切又是那么地新鲜。举目回顾，才发现已经置身在一派莽莽苍苍的林海之中。樵风泉韵，绿意斐然，和厦门那种炮声、警报声时而撕裂人心的环境迥然不同。这里好读书，陈景润心中感到从未有过的轻松和闲适。

厦大理工科的师生多数落脚在东肖镇著名的侨乡溪兜村，现已经改名为溪连村。虽是乡间小镇，但华侨在民国时期盖的西式洋楼，散落在村庄里。卢嘉锡时任理学院院长，他一家六口住在离白土镇街南约两公里的龙泉村（现为联邦村）陈子耕家中，其他的教授和年轻的老师则散居在溪兜村的归侨、侨眷或农民的住宅里。还有一部分讲师、助教集中住在"乐逸堂"即张氏宗祠。食堂设在七公祠。

临时的教室和学生宿舍都设在罗氏宗祠里，乡间质朴的生活，为大学生涯增添了另一种风情和韵味。大家睡通铺，夜深人静，可以闻到丝丝缕缕杉木的清香，如天外飘来的一缕云雾，写意而令人五内如洗。条件虽是简陋，但教学却同样是一丝不苟。到了这里，人们发现，平时沉默寡言的陈景润却和随队伍而来的一位洋教授打得火热。他叫沙鹏，是法国人，教授，不会汉语，对学生讲英语。沙鹏娶了一位福州的姑娘为妻子，奇迹般地向夫人学会了福州话。陈景润从小就学英语，功底不错，可以用英语和沙鹏交谈，尽管有时会结结巴巴，于是，便用福州话补充。他们有时也讲福州话。道地的方言，外地人听起来和外语几乎无异。看到陈景润和沙鹏教授出出进进，形影相随，同学们既羡慕也有点儿忌妒。

沙鹏是很有学问的，他在数论方面钻研颇深。别以为陈景润是只会一个劲死读书的书呆子，他一点也不呆不傻，他懂得虚心向老师请教和学习的道理。老师指点迷津，传道，授业，解惑，才会有学生的成功。陈景润对时间是最吝啬的，但在龙岩，人们却发现他时常和沙鹏一起在乡间小道上散步。不知道他们窃窃私语的内容，只发现陈景润经常情不自禁地喜形于色。后来，大家才知道，沙鹏教授毫无保留地把自己的学识传授给这位勤奋好学的弟子。

教师是蜡烛，燃尽自己，照亮学生。教师也是人梯，让学生踩着自己的肩膀，去攀登人生的高峰。内向的陈景润勤奋有加，在向教师请教方面，同样堪称楷模。

当时的厦大数理系，学生虽少，但教师中却是人才济济。系主任是方德植教授，他亲自讲授"高等微积分""高等几何"等基础课程，并且用我国古代数学家杨辉和出身清寒家庭的德国数学家高斯的奋斗事迹勉励学生。身处乡间野岭之中，不闻厦

陈景润（左）与方德植教授后来的合影

门迷人的阵阵海涛，但在教学上，这些可敬可佩的教师同样尽心尽职。方先生把自己做学问的经验传授给学生，勤做题是很重要的，但必须掌握两条：一条是要加强对书本中的基本概念和定理的理解，另一条是要训练运算技巧和逻辑推理。离开这两条，数学是学不好的。题海无边，陈景润正是按照方先生讲的这两条原则去做，才避免滥做题目的旧辙。方先生对陈景润要求很严格，有一回"高等微积分"考试，发现陈景润的试卷写得混乱，立即把陈景润叫来，问他会不会。虽然陈景润当场重新作答，得了满分，但方先生还是教导陈景润："字要写清楚，要让人家看懂，以后搞研究出了成果，不会表达，写不清楚，总是个缺点。"陈景润虚心接受老师的批评，以后把字写得工工整整。这种习惯，一直坚持到他今后一生的道路之中。陈景润留下的不少书信，正式文稿，全部是整整齐齐的。他的字并不算漂亮，但横竖成行，一笔一画，严谨有序。

龙岩求学的日子是艰苦的，但农村的宁静和清新，为陈景润创造了特殊

的学习环境。早上一起床，有些同学跑到晒谷场上简易的篮球架下打篮球，而陈景润只是稍作活动，便带着袖珍英汉字典到田野中去学英语。同学们亲切地喊他："爱因斯坦，来打球吧！"他只是报以憨厚的笑意，向同学们打个招呼，仍是向前去。岚影晨光，如梦如幻，有早起的鸟儿，婉转动听地唱着山韵浓郁的晨曲。陈景润很快就进入读书的佳境，和这山里美丽的清晨融为一体。

数学上给他影响很深的还有李文清先生，他给陈景润上"高等代数"和"实变函数论"。李先生是留日的，对日本高木贞治的《初等数论》和数论史有特殊的研究。他上课深入浅出，常给学生讲东方数学家立志攀登世界科学高峰的动人事迹。他给陈景润他们详细讲过印度数学家拉曼纽让攻克"数的分割"及"合成数的分布"等世界难题的故事，勉励他的学生为祖国争光。他的话给陈景润很大的激励。

无独有偶，李文清先生在上课中，讲到数论史上三个没有解决的难题，费马问题、孪生素数问题、哥德巴赫猜想问题。谦和风趣的李老师，笑吟吟地对他手下的四位学生说："我们班上谁要是能解决其中的一个问题，对世界就有了不起的贡献！"有的同学笑了。陈景润没有笑，是想起当年读高中时沈元教授讲哥德巴赫猜想的一幕趣事，还是意识到新中国一代大学生肩膀上沉甸甸的重任？他沉思着。虽然此时的陈景润并没有确定攻克这一难题的方向，也并不清楚解决哥德巴赫猜想要付出何等的艰辛和代价，但一道雄关，已经如遥远的珠穆朗玛峰一样，闪烁动人的诱惑。

陈景润他们在龙岩虽然只有短短的一年时间，一九五二年二月，搬迁到龙岩的厦门大学理工科的师生就搬回厦门，但对于他们，这是难得的思想上的历练，在专业上也都得到全面的提高和升华。

人生的道路并非全是明媚的春光。鲜花、太阳，并不会廉价地钟情于每一个幸运者。一九五三年，国家急需人才，陈景润他们这一届的学生根据安排，全部提前一年毕业，奔赴百业待兴的各条战线。全班四个同学，三位留在厦门大学工作，陈景润被分配到北京四中任教。

当时，能到首都工作，是一种荣耀。然而，习惯于在数学王国中踽踽而行的陈景润，学业精深，且不乏聪明才智，但一站到如鸽子般天真纯洁且叽叽喳喳的中学生面前，便全慌了。他天性不善言辞，木讷有余，毫不活泼，语言表达更是无法适应教师的基本要求。开始，学校和学生认为他是厦门大学的高材生，对他充满期待，但几堂课下来，大家完全失望了。面对如此的窘境，陈景润自己也无比着急，不知如何是好，于是，又闷又急，结果情况越来越糟，他病倒了，一年中住了六次医院，动了三次手术。他苦心钻研的数学，如著名作家徐迟所形容的，是天山雪莲，绝世牡丹，而现实却需要他去给中学生讲最简单的一元一次方程。人生严重错位，他不知所措，又不善周旋，更不会如现代人那样去找人通融一下关节，调换一个岗位。于是，陈景润被学校辞退了。一个人灰溜溜地回故乡福州。

他不敢把真实情况告诉父亲。然而，时间一长，家里也终于弄清楚他在北京四中工作的真实情况。他的父亲特别伤心。陈景润没有了工资，生存受到威胁，出于无奈，只好像解放初期那些城里无业的游民那样，靠摆书摊过日子。他的书摊基本上是数学理论的书，没有人光顾。他也不善于打招呼招揽顾客，只是自己抱着一本在一旁看。

他没有摆摊的营业执照，曾经遭到市场管理人员的猜疑和刁

重回厦大

陈景润传

难，后来还是认识他的教过他小学的老师给他解了围。陈景润以厦门大学的毕业证为执照，继续摆书摊。

堂堂的厦门大学毕业生，失业没有工作，靠摆书摊艰难过日子，很快就成了社会新闻，大家很是好奇，终于有人光顾他的书摊，前来看书或买书。但收入甚微，家里人除了伤心和焦急以外，一时也想不出更好的办法。

陈景润为什么能够摆脱窘境，重回厦大呢？

陈景润在福州摆书摊艰难度日的新闻传到厦大，传到时任厦门大学校长的王亚南耳朵里，他感到无比惊讶。

"那个学生叫什么？"

"陈景润！"

那时的毕业生少，一提起这个名字，王亚南还清晰地记得，陈景润是数学系三个提前毕业的学生之一，他亲自颁发的毕业证书。他知道陈景润分配到北京教书，没有想到会沦落到如此的境地。于是，他找时任厦大党委书记的陆维特商量，决定把陈景润调到厦门大学图书馆工作。

王亚南校长是很爱护学生的。他曾利用到教育部开会的机会，专门拜访陈景润工作的北京四中的校长。这位校长率直地告诉他："厦大的社会知名度很高，可是你们学校培养的陈景润，讲课学生反映不好，安排他专门改作业，又三天两头生病，医药费我们就付了一大把呀！"得到这个消息，王亚南邀请这位中学校长专门到医院里去看陈景润。当时，陈景润正在看书，看到校长来了，连忙把书收起来。

此时，一脸病容的陈景润让王亚南吓了一跳。仅仅一年不见，陈景润那张本来就消瘦的脸上，颧骨都突了出来。

王亚南很是心酸，他拿起陈景润看的书，原来是《堆垒素数论》，这是一本很深奥的书。王亚南关切地问："你看得懂吗？"

一谈到数学，陈景润顿时就来了精神，他告诉校长："有些看得懂，有些看不懂，但我相信，用不了多长时间，我就能全部读懂它。"

　　了解到全部情况的王亚南校长心疼了。说实话，他并非在当时就看到陈景润日后的辉煌，而只是出自于对学生的爱护——他热爱学生是有口皆碑的，曾把翻译《资本论》的稿费全部用于给厦门大学学生支付讲义费，给贫困学生买鞋穿，可以说，许多厦大学生享受过他高尚真挚的慈爱和恩泽。世事不公。"文革"大劫，奉周恩来总理之命回厦大担任"革委会"主任的王亚南校长，突遭暗算，一夜之间，被打成"走资派""黑帮""反动学术权威"，惨遭迫害、批斗，终于诱发了绝症，死在上海。对于他的去世，周总理悲愤地给厦大当时处于两派内战的师生发来电报：两派师生应联合起来开追悼会，向王亚南校长的遗像默哀、告别。此时，人们才感到痛失这位德高望重老校长的不幸和哀伤，为时委实太晚了。

　　王亚南校长终于陈景润带回厦大，他是真正懂得人才价值的。他和数学系的领导商量，让陈景润在系资料室工作，这里书香温馨，很适合陈景润的个性和特长。陈景润获救了。

　　这次失业的遭遇，给陈景润心灵留下浓重的阴影。人的第一个基本要求是生存，当经济来源断绝，三餐吃饭都成为问题的时候，搞科研攀登科学高峰是不可能的。从此，陈景润更节俭了，尽管身在书斋，他总是担心再次失业，会再次去摆香烟摊和出租小人书摊，去品味那社会最底层人们生活的苦涩和晦暗。这种特殊的"忧患"意识，陪伴陈景润的一生。他把节俭下来的钱存下来，通晓数学的他，担心钱会贬值，就把它换成金戒指等硬通货。他时时防备着，一旦失业，他仍然可以研究他的数学。

　　重回厦大的陈景润，经过这次意外的人生变故，更沉默和孤独了。他百倍珍惜得来不易的机遇，恨不得把所有的时间都花在钟爱的数学研究之中。他分得一个小房间，勤业斋一〇六室。勤业斋有点像北京四合院式的旧式建筑，门前，竹影婆娑，推开，是一个宽敞的小院，四周便是房间，只有一层。如今早已拆了，成了一座六层的简易宿舍楼，仍是四面环合，楼名也仍称"勤业"；或许，是出于设计上的疏漏，一眼看去，很像是西方电影中的集中营，于是，被爱戏谑的年轻人起了一个不雅的外号"集中营"。尽管朱颜已改，面目全非，但遗落在这里的故事，仍然是美丽动人的。

陈景润的全部生命，几乎都消融在夜以继日的读书之中。他担心夜晚开灯读书太迟，会影响别人的休息，于是，做了一个巨大的黑色的大灯罩，罩着灯，也罩住灯下苦读的自己。当时，厦大处于前线，学校彻夜有武装民兵巡逻，警惕性极高的民兵发现这一异常的情况，曾持枪前去看个究竟，待终于了解其中缘由之后，才放心地离开。对于读书的方法，陈景润在后来成名之后，在一篇文章中有一段十分精彩的自白：

> 我读书不只满足于读懂，而是要把读懂的东西背得滚瓜烂熟，熟能生巧嘛！我国著名的文学家鲁迅先生把他搞文学创作的经验总结成四句话："静观默察，烂熟于心，凝思结想，然后一挥而就。"当时我走的就是这样一条路子，真是所见略同！当时我能把数、理、化的许多概念、公式、定理，一一装在自己的脑海里，随时拈来应用。

不得不佩服陈景润脚踏实地而又不乏机智的做学问本事，居然能把鲁迅先生从事文学创作的神思之功，融入数学王国的艰辛跋涉之旅。他在资料室工作期间，读过多少书，很难计算，也无法计算。知识的积累，需要循序渐进，科学高峰的攀登，更需要打下坚实而深厚的功底。神游知识的海洋，阅尽浪花、鸥鸟、飞帆、礁石，才能真正领略大海的浩瀚和神秘。冰冻三尺，非一日之寒，陈景润在这一段时间的刻苦修炼，是奋飞前夕关键性的一搏。

把书读到滚瓜烂熟，需要付出沉重的劳动的，尤其是数学方面的书，没有情节、故事，没有押韵以及情感氛围，抽象的数学符号，编织着深奥、玄妙的特殊世界。只有痴迷其中的陈景润，才能听到鸣泉如诉如泣，才能看到月华如水，才能看到兀立的群峰闪烁着幽远、深邃的异彩。

不少数学著作又大又厚，携带十分不便，陈景润就把它一页页拆开来，

厦门大学数学科学学院里的陈景润坐像

厦门大学原创话剧《哥德巴赫猜想》剧照

随时带在身上，走到哪里读到哪里。这位可爱的"书痴"奇怪的读书方法，曾引起一场小小的误会：数学系的老师时常看到陈景润拿着一页页散开的书在苦读，以为他把资料室的书拆掉了。后来，经过查实，陈景润拆的书全是自己的，公家的书，他惜之如金，从不拆。公私分明，数学家的逻辑同样毫不含糊。

马克思有过一段脍炙人口的格言："在科学上没有平坦的大道，只有不畏劳苦沿着陡峭山路攀登的人，才有希望达到光辉的顶点。"陈景润正是如此。

已经不是当穷学生的时候了，参加工作的陈景润有了固定的工资收入，并且有了一个小巢。大海近在咫尺，春夏之交，火红的凤凰花开遍厦大校园，游泳、跳舞、恋爱，多少人流连于大海之滨，花前月下，享受着令人羡慕的大学教师生活的丰富多彩，或者，尽情领略大自然的流光溢彩。而这一切，似乎都和陈景润无缘，他除了日常上班以外，就躲进图书馆或自己的那间小屋里，研究、学习他的数学。很少有人特别注意他，只有住在他近邻的厦大历史系叶国庆教授，经常关注他。叶教授时任厦大的工会主席，为人热心厚道，是燕京大学历史研究部研究生，师从我国著名民间文艺学家顾颉刚、许地山等教授。叶教授治学严谨，对先秦史和福建地方史等研究造诣尤深，著有《试论西周宗法制封建关系的本质》《笔耕集》《笔耕集续编》，系著名学者。叶教授的夫人是家庭主妇，贤惠善良，他们看见身体瘦弱形单影只的陈景润，偶尔会主动送点当时紧俏的粮票给他，关切地嘱咐陈景润多吃点饭。开始，他推辞，后来，见对方诚心诚意，憨笑着收下后，不断地说："谢谢，谢谢！"校园中，人来人往，没有什么人更深地了解他。陈景润默默地，守着寂寞，守着自己那一片境界不凡的圣地。

历史，请你见证：勤业斋一〇六室。

　　他终于开始飞翔了。陈景润恰似一个久经修炼的俊杰，携剑下山，一出手，便令人眼花缭乱，惊座四周。

　　一九五六年，伟大领袖毛泽东同志审时度势，酝酿构建宏伟的社会主义建设纲领《论十大关系》。高瞻远瞩的一代伟人，观四海于一瞬，集智慧于一身，在探索适合中国国情的艰难道路上初获战绩之后，向全国知识界科技界提出一个响亮的口号：向科学进军！周恩来总理亲自主持制定了国家科学发展的远景规划。

　　天开云绽，中国的蓝天，一片明媚阳光。如火如荼，来自中南海浩荡的春风，在厦门大学激起层层波涛。学校党委闻风而动，根据国家科学发展的远景规划，组织数学系制定自己的科研工作规划。他们雄心不小：提出在十二年内赶上或达到国际先进水平。这并非是吹牛皮放大炮，其时，这里藏龙卧虎，众贤毕集。特别引起人们注意的便是陈景润，根据他的科研方向，系里除了让他在资料室工作外，特地安排他担任"复变函数论"课程的助教，希望他借此得到锻炼，打好坚实的基础。

　　此时，陈景润才二十三岁。别看他几乎是日夜闭门读书，而那一颗单纯的心，却并不乏年轻人的豪情壮志。开始，没有什么进展，李文清老师告诉他："要研究数论，应当多读华罗庚的著作，特别是《堆垒素数论》，如果你能够改进华罗庚的任何定理，就会在中国数学界受到重视。"李老师的话，给予陈景润极大的鼓舞和力量。于是，他选择数论作为突破口，在老师们的指点下，集中力量，钻研华罗庚的名著《堆垒素数论》《数论导引》等名著，向科学的高峰发起沉雄有力的进攻。

　　这是一种特殊的攻坚途径，《堆垒素数论》是华罗庚大约于一九四〇年，用八个月时间完成的。这本专著，全面论述了三角和估计及其在华林—哥德巴赫问题上的应用。全书十二章，除西革尔关于算术数列素数定理未给证明外，所有定理的证明均包含在内。这本丰碑式巨著，展示了华罗庚在圆法、三角和估计及其应用上做出的重大贡献，还对世界级的数学大师、苏联的维诺格拉多夫的方法作了改进和简化。据报载，华罗庚在西南联大曾讲授过他的《堆垒素数论》，开始，慕名而来的学生将教室挤得水泄不通，后来一天天减少，减到四个，一星期后，只剩下两个，即后来成为著名数学家的闵嗣鹤和钟开来。教室里只剩下师徒三人，因昆明天天空袭不绝，华罗庚干脆把教室搬到华家附近，租屋而居，进行讲授。华氏的这本书实在是太深了。一九四一年，华罗庚曾把手稿寄给苏联的维诺格拉多夫，维诺格拉多夫立即以电报回复："我们收到你的优秀专著，待战争结束后，立即付印。"因此，这本书最早是于一九四七年以苏联科学院"斯捷克洛夫数学研究所"第二十二号专著名义出版的。中国数学界对华罗庚的专著给予崇高的评价。当时的教育部，几乎无人能够评审此书。老一辈数学家何鲁冒着灼人的炎热，曾在重庆的一幢小楼上挥汗审勘，阅稿时不时击案叫绝，一再对人说："此天才也！"他爱不释手，居然亲笔将《堆垒素数论》抄了一遍，何氏的手抄本曾存于中国科学院数学研究所图书馆中，不幸在"文革"劫难中散失。

陈景润悉心攻读华罗庚的《堆垒素数论》，他曾告诉同事，此书他读了二十多遍，重要章节甚至读了四十多遍，华先生著作中的每一个定理都被他记在脑子里。陈景润的目的，是想将华罗庚的成果向前推进一步。初出茅庐，便向世界级的数学大师华罗庚挑战，木讷寡言看上去有点病恹恹的陈景润，何其大胆，何其气魄！

当然这不是儿戏，陈景润也曾犹豫过："这不是有点太不自量力了么？"他的思维是缜密的。知识可以塑造性格，一直遨游在抽象思维王国里的陈景润不乏持重和沉着。他去请教"复变函数"的主讲老师，老师远见卓识，热情鼓励他："为什么不可推进前人的成果呢？不必顾虑重重了。现在的数学名

一九七八年，在数学理论和应用上获得全国科学大会奖励的

数学家杨乐、张广厚、华罗庚、陈景润（从左至右）

华罗庚与陈景润

著，它们的作者当然都是著名的，这些著作是他们的研究成果，但后来的年轻人如果不敢再进一步研究，写出论文来，数学又怎能向前发展呢？"老师的话语重心长，言简意赅，陈景润心里踏实了。

像一块砖那么厚的华罗庚的数学名著《堆垒素数论》，被陈景润一页页拆开了。他一个字一个字地研究，整整读了三十多遍，几乎达到滚瓜烂熟的地步。华氏的这本专著，是当代数论精萃汇聚的结晶。对于其中的每一个公式、定理，陈景润都进行反复的计算、核实。住在勤业斋的人们，只看到陈景润的门一天到晚都关着，偶尔，看到他出来买饭，人影一闪，又进了那间只有七平方米的小屋。庭院里，竹影和翠森森的芭蕉树相映成趣，光洁的石凳上，人们悠闲地谈天、消闲，领略海滨之夏的无限美意。而有谁能知道，闷在小屋中的陈景润正在进行着艰苦的鏖战呢！

生活被陈景润简化得只剩下两个字：数论。他日夜兼程地驰骋于数论的天地里。睡眠很少。陈景润有一套独特的作息理论，在他的头脑里，没有失眠二字，他多次对人说过：失眠，就意味着不需要睡觉，那就爬起来工作吧！他困了，和衣一躺，一醒来，又继续工作。人们出于关心或好奇，有时也到陈景润的小屋中去看看，遍地都是草稿纸。数论的许多领域，是靠极为抽象的推理演算的，演算了多少道题，连他自己也没法计算了。飞驰的岁月，完全消融在单调、枯燥而又神妙无穷的一次次推理和演算之中。只有陈景润，才能领略其中的苦涩和乐趣。

一山让过一山拦。偌大的数论世界，似乎化作气象万千的昆仑、天山。草地如茵，雪杉如画，意尽之时，还有潺潺流水，流不尽地老天荒，更流不尽那令无数英雄竞折腰的雪山奇景。小径如梦，断落在奇绝的冰山大川之中。寒意沁人，五内皆凉了。万丈的悬崖，披挂着壁立的冰雪交融的垂帘，如突然凝固的瀑布，写尽天下的雄奇和壮阔。雪莲盛开在冰峰如刀的寒光凛冽之中，恰似神话中的珍奇瑰宝。它属于尚未进入科学殿堂的无名之辈么？

没有退缩，更不后悔，认准一条路，便头也不回地往前奔。诱惑也罢，失败也罢，沮丧也罢，全不理会，也无暇理会。攻关，就需要这种近似傻子的执着和顽强精神。

当时，厦门并不平静。盘踞在金门岛的国民党残兵败将，不甘心自己在大陆的失败，时常无端地向厦门打炮，敌机常来骚扰。当凄厉警报声响起，陈景润往往仍在数学王国中神游，一直到全副武装的民兵，焦急地推开他的窗户，命令他立即撤离到屋后五老峰下的防空洞时，他才恋恋不舍地离开小屋。临走时，还不忘捎上几页书。防空洞中，人声嘈杂，他却可以顷刻沉湎在数论的蓝天里。清人王国维在《人间词话》中有一段精彩的描绘："古今成大事业、大学问者，必经过三种之境界：'昨夜西风凋碧树，独上高楼，望尽天涯路'，此第一境也；'衣带渐宽终不悔，为伊消得人憔悴'，此第二境也；'众里寻他千百度，蓦然回首，那人却在灯火阑珊处'，此第三境也。"用王国维形象的勾画来看陈景润，实在是太确切了。

阅尽沧海，陈景润以滴水穿石的精神和超凡的韧劲，终于把华罗庚这本极难啃的《堆垒素数论》吃透了。仿佛是灵感突兀而至，壁立千仞的群峰突然天门开启，华光四射。该书的第四章"某些三角和的中值定理"是用华罗庚方法来处理低次多项式对应的三角和的中值公式。第五章"维诺格拉多夫的中值定理及其推论"是用维诺格拉多夫方法来处理高次多项式对应的三角和的中值公式。熟读全书和神游数论的浩瀚、渊博之后，陈景润发现，用第五章的方法可以用来改进第四章的某些结果。这便是当时数论中的中心问题之一"他利问题"。它跟哥德巴赫问题一样，吸引着数论学者的注意和探讨。华罗庚除了在《堆垒素数论》一书中进行探讨之外，还曾在一九五二年六月份出版的《数学学报》上发表过《等幂和问题解数的研究》一文，专门讨论"他利问题"。这个问题归结为对指数函数积分的估计。文章中，华罗庚满怀期望地写道："但至善的指数尚未获得，而成为待进一步研讨的问题。"如今，这个问题终于被陈景润攻克了。

经过整整一年的努力，陈景润耗尽心血，终于完成数学论文《他利问题》，他最终证明"他利问题"的时候，改进了华罗庚《堆垒素数论》中的结论。对于这篇论文的水平和价值，中国科学院数学研究所的行家们，至今的评价是："一个数学家一生中能有一个这样的发现，便算幸运了。它是属于教授级的。"陈景润把自己这篇论文，激动地交给曾教过他的李文清老师看，李老师不敢怠慢，连忙找来张鸣镛老师一起来进行认真的审阅，最后，两位名教授得出的结论是一致的：陈景润对"他利问题"的证明是正确的。李文清老师把这篇论文直接寄给中科院数学所的关肇直先生，由关先生转给华罗庚。华罗庚认真审阅后，交给数学所数论组的一批年轻人，经过大家反复核审，证明陈景润的想法和结果皆是正确的。华罗庚感慨万千地对他的弟子说："你们待在我的身边，倒让一个跟我素不相识的青年改进了我的工作。"

这是了不起的战绩。首战告捷，初试锋芒，便震惊数学界。

天开云绽，碧空万里。命运，向陈景润敞开了一扇洋溢着更有诱惑力的大门。

第三章

卑贱者

陈 景 润 传

慧眼识英才

一九五六年八月，"全国数学论文报告会"在北京举行。经华罗庚亲自推荐，陈景润参加会议，在会上宣读他的论文。

北京，雄伟壮丽的天安门，依旧是那么令人激情如涌，陈景润却和当年不一样了。这位在中学任教曾被辞退的年轻人，比以前精神多了。虽然仍是清瘦，但眉宇间洋溢着英俊之气。这个报告会是中国数学界元老俊杰云集的群英会，能在其中占一席之地，并非易事。陈景润被分配在数论代数分组，该组的论文宣读大会，在古香古色的北京大学的教室中举行。陈景润又走上讲台了。尽管陪同他去的李文清老师不断给他鼓气，要他沉着、镇定，有条不紊地按照论文进行宣读，在赴京的火车上，特地吩咐陈景润熟背论文。但是，一站在讲台上，陈景润发现，与会的三十多位数学家的目光，全系在他的身上。仿佛，他突然被一道道来自四面八方的光束，紧紧地攫住了，一种莫名的孤独无助感涌上心头，接着，便是难以自持的惊慌，他，竟然变成一只受惊的小鹿，不知如何是好。论文宣读一开始，所有准备好的言辞，全部逃遁得无影无踪，头脑一片空白，他窘得难以自容。勉强说了几句，结结巴巴，不知怎么表达才好，猛然记起，应当在黑板上写个题目。转身写完题目，说了一两句，又急匆匆地转身在黑板上演算起来。手有点颤抖，不听使唤，众目睽睽之下，他像是个不甚懂事的小学生，在黑板上画来画去，唉，怎么搞的，还不如在勤业斋一〇六室的小屋中在草稿纸上演算那么娴熟自如。

这就是华罗庚极力赞扬的陈景润么？一看到如此的情况，台下的听众开始摇头，接着，嘀咕开了。当年，陈景润在中学教书，第一堂课也是这样的。思维缜密的数学家，言辞表达委实太让人感到遗憾，茶壶里的饺子倒不出来，真是急煞人了。满头大汗，背上更是冷汗如洗，台上的陈景润开始痴痴地呆站在那里，不知该说什么。

厦门大学的李文清老师本来也属文静之辈，他比陈景润更急，眼看陈景润的论文宣读炸锅已成定局，他终于按捺不住，征得会议主持者的同意，自告奋勇地走上讲台，对参加会议的代表解释说，他的这个学生怯场，主要是不善言辞，人们的目光流露出疑惑和失望。陈景润则像做错事的孩子，怯生生地站在一旁，等待着惩罚。李文清老师忙对陈景润的论文作了补充介绍。这一切，全落在端坐在下面的华罗庚的目光里。

李文清老师讲完，人们仍感到不甚满足。一个魁梧的身影在众人的目光中健步移上台去，喔，是华罗庚，这位中国数学界堪称泰斗的大人物，颇有风度地向大家笑了笑，接着，阐述了陈景润这篇论文的意义和不凡之处，充分评价陈景润所取得的成果，然后，语重心长地说道："我们不鼓励那种不埋头苦干，专作嘶鸣的科学工作者，但我们应当注意到科学研究深入而又深入的时候，而出现的'怪癖''偏激''健忘''似痴若愚'。不对具体的人进行具体分析是不符合辩证法的，鸣之而通其意，正是我们热心科学事业者的职责，也正是伯乐之所以为伯乐。"

华罗庚说得太好了！他的话不仅给陈景润解了围，而且从相当的高度，深刻阐明了科学工作者应有的品质和思想境界。一锤定音，当人们盼望已久的掌声终于响起来的时候，脸色苍白的陈景润才长长地吐一口气。

对于陈景润的这篇论文，一九五六年八月二十四日的《人民日报》在报道大会时特别指出："从大学毕业才三年的陈景润，在两年的业余时间里，阅读了华罗庚的大部分著作，他提出的一篇关于'他利问题'的论文，对华罗庚的研究成果有了一些推进。"这个评价客观且不乏冷静，陈景润的成果终于得到公认。

貌不惊人的陈景润在宣读论文时出了"洋相"，但他那锐意进取的精神，却使华罗庚深深地感动了。他爱惜人才完全出自真挚之心。华罗庚是江苏金坛人，家境贫寒，又身患残疾，没上过大学，精湛的数学造诣和深厚的数学功底全靠自学。当初，只在金坛初中任会计兼庶务，幸有唐培经、熊庆来、杨武之、郑洞荪、叶企荪等人对他的奖掖和帮助，把他调到清华大学工作，给予无私的帮助和提携，才使他成为中国数学界的一代宗师。以己推人，华罗庚把期望寄托在仅此见过一面的陈景润身上。慧眼识英才，不得不佩服华罗庚的远见卓识和宽广的胸襟。他心里思忖着，厦门大学条件虽然不错，但远离北京，消息相对闭塞，适合科研方面攻关的陈景润，在他身边，必定会有更大的成就。他丝毫没有把陈景润的木讷和不善言辞等弱点放在心上，也不介意陈景润的怪僻。心胸坦荡的善良老人，不愧是识别千里马的伯乐，伯乐们提携了华罗庚，而今，时代庄重地把伯乐的重任赋予这位数学大师，他没有让人们失望。

陈景润载誉回到厦门大学，受到校党委的热情鼓励，锐气正盛的他，并没有松一口气，而是一鼓作气，又盯上了数论上的三角和估计等方面的研究工作，不久，他的第二篇论文《关于三角和的一个不等式》呱然落地，刊登在一九五七年第一期《厦门大学学报》（自然科学版）上。

华罗庚极力推荐陈景润到中科院数学研究所工作，数学所主动和厦大协商，得到厦大党委、王亚南校长和数学系的全力支持。一九五七年九月，陈景润正式调到北京，进入全国最高研究机构，揭开他生命史上坎坷而最辉煌的一页。

华罗庚的引荐和提携之情，陈景润永远铭记心中，对待这位恩师，他尊敬有加，见面的第一句话就是："谢谢华老师，谢谢华老师。"不善言辞的他，觉得只有努力工作，才不负老师的厚望。进京以后，陈景润仍然保持那种孤雁独白飞翔式的科研方式，他习惯了一个人独处，习惯于单枪匹马去叩响科学的殿堂。华罗庚充分理解陈景润这种难以移易的独特个性，他身为研究所所长，给了陈景润充分的自由天地。对于这一切，陈景润感激不尽。因此，"文革"大劫，"四人帮"中的重要人物迟群曾专程叩开陈景润那间只有六平方米的小屋，神秘兮兮地要陈景润揭发所谓的华罗庚剽窃陈景润研究成果问题，陈景润毫不含糊地站在真理的立场上，予以实事求是的回答：没有此事。"四人帮"的阴谋化为泡影。

陈景润在"他利问题"上的贡献，曾在"全国数学论文报告会"上公开宣读过，且在报纸上予以报道，华罗庚的《堆垒素数论》再版时，吸收了陈景润的成果，在再版序言中对陈景润表示了足够的感谢，"四人帮"妄图抓住这一件普通的事情，大做文章，置华罗庚于死地，是极其恶毒和卑劣的。并不精通复杂政治背景的陈景润，本能地预感到此事的严重性，当迟群找他以后，陈景润立即把消息告诉可以和华罗庚直接联系的陈德泉，使华罗庚做好应有的思想准备，也使主持正义的人们在非常时期，做了不少保护华罗庚的有力工作。最后，终于使这一幕由江青直接导演的丑剧，以"四人帮"的失败而告终。

滴水之恩，当涌泉相报。这是中国人民的传统美德。陈景润在自己身患重病住院的日子里，依然牢记着华罗庚的厚爱之心。华罗庚于一九八五年六月十二日在日本讲学时，心脏病突发而不幸去世，陈景润闻讯悲痛万分。后来，为了永远纪念这位数学大师，人们在中关村数学研究所门前的院子里竖起一尊华罗庚铜像。在铜像揭幕仪式上，已是病重住院的陈景润，坐着轮椅，坚持到这里向尊敬的恩师表示感激之情，他是由数学所的书记李尚杰同志推来的。据李书记回忆：当时，陈景润已经病得很重，眼睛睁不开，但坚持着非来不可。他终于来了，他把绵绵的思念和无限的崇敬，永远留在这里。

三平方米的特殊世界

北京中关村，素有中国"硅谷"的盛誉。

塔松、白桦、杨树，绿影摇曳。和拔地而起的现代化摩天大厦相比，这里的建筑显然是落伍很久了。多数是五层楼，中式的大屋顶，西式的框架，编织出敦厚、稳重、庄严的韵致。初到北京的陈景润，虽然在数学界已崭露头角，但在人才济济、栋梁如林的中关村，他只是研究所的实习研究员，属于小字辈。开始，住在西苑大旅社一号楼的集体宿舍里，后来，搬到中关村六十三号宿舍楼二单元一楼。仍住集体宿舍，四人一间。都是快乐的单身汉，但陈景润却很难快乐起来。

原来，他是一个很不善于和人交往的人，他乐于一个人独往独来，于是，深深怀念着厦大勤业斋那间七平方米的小屋，只要关起门，便可以一个人神游那迷人的数学王国。到哪里去寻觅这个已经失去了的世界呢？真的应当佩服陈景润的独特之处，他的目光，居然盯住那间尚未启用只有三平方米的厕所。

现在提起来，几乎是一个近似荒诞的笑话了：有一天，陈景润壮着胆和同宿舍的同事商量，希望得到他们的帮助，把厕所让出来给他一个人用。当然，这个提议要给他们增添麻烦，因为，屋内只有一个厕所，他们要"方便"时，只好到对门的单元房中去。说完，陈景润极为恳切而认真地凝视着他新结识的伙伴。

他们一齐笑了，笑得如此开心，几乎是异口同声地回答"好！好！"君子成人之美。

陈景润如获至宝，立即卷起铺盖，住在他进京后的第一处寓所——三平方米的厕所。而且，一住就是两年。

很难想象当年的情景。如今，这个厕所还在，咫尺之地，要放下一张床，怎么放得下呢？陈景润只好把床的一头骑在抽水马桶上，既是床又是书桌，床前只能放下几块砖头，权当椅子用。如今，同室的伙伴，早已不知云游何处，也无法去细问当时的详细情况，只有数学所的李尚杰书记还清晰地记住其中的一个细节：厕所中没有暖气，北京的冬天奇寒，陈景润在厕所的正中，吊了一个大灯泡，既照明又取暖。明灯高悬，照亮了七百多个夜晚，也照亮了这位坚韧不拔行进在科学崎岖小径上的独行者的苦涩旅程。

《易传》在解释《易经》的"乾"卦时，有一句格言蕴意深厚，形象概括了中华民族的精神："天行健，君子以自强不息。"它的意思是：天体宇宙，刚健地运行，有出息有作为的人，应该像天那样勤勉自强，奋发进取，永无止息。陈景润便是这样的君子，他把中华民族的"韧"劲发挥到极致的境界。

"他利问题"的解决，展示了陈景润初出茅庐的雄健之风，到了北京，住在这个厕所里，他把奋斗的标尺定在攻克华林问题的目标上。这同样是世界级的数论难题。此问题对下列不定方程式求解问题：

$$n = x_1^k + x_2^k + \cdots + x_3^k$$

k 是一正整数，n 为任一大于零的整数，当 k 确定后，寻找一最小正整数 s，使此不定方程有正整数解，此 s 是 k 的函数，记作 $s = g(k)$。这一问题曾有希尔伯特、哈代、华罗庚等人研究过，Dickson 解决了 $k = 4.5$ 以外的最小 $g(k)$。剩下的问题，在数论史上尚是空白。

寒夜袭人。陈景润的习惯是凌晨三点就起床干活。小屋真好，宁静如水，连同伴沉睡的鼾声也被隔断了。他伏在床上劳作，像往常一样，灵活的思维开始悄然起步。

是天气太冷了么？他总觉得头脑有点不大听使唤，仿佛，刚走了几步，又茫然停了下来。北京不像厦门，四季如春，冬天里夜来香也照样开花，把浓郁的香味慷慨地馈赠给千家万户。为了御寒，陈景润曾经尝试着自己做棉

陈景润在数学所工作着

陈景润和学生

衣，他想得天真而简单：找两件旧衣服，买了棉花，一件铺在床上，将棉花撕碎，均匀地铺上去，然后，再把另一件衣服覆盖上，准备缝好，以为这样就可以了。没想到，腋下、袖子等拐弯抹角处，他无法处理。自制棉衣的举措失败了。攻克华林问题的一炮，也会打哑么？

他是不会轻易屈服的。并非盲目的自信，更不是蛮干。一位了解他的老朋友这样分析：陈景润的基本功下得很深，像老工人熟悉机器零件一样熟悉数学定理公式，老工人可以用零件装起机器，他可以用这些基本演算公式写出新的定理。长期的苦读，拆书、背诵、演算的题目，可以垒成山，汇成河，久练出真功夫，陈景润的功夫，就在于熟悉了数论领域中每一朵飘逸的白云，每一缕飘逝的春风。百炼钢化为绕指柔，坚韧，百折不挠，如鲁迅先生所倡导的"强聒不舍"的韧性的战斗精神，才真正有成功的希望。

他几乎是日夜泡在这个只有三平方米的特殊世界里。除此之外，就是上数学所的图书馆，陈景润十分欣赏这个被戏称为"两层半"的地方。一幢旧式的小楼，沿着古老的油漆斑驳脱落的木梯爬上去，一片幽幽的天地中，是一排排书籍，光线不大好，从书架中穿过，便自然会产生走向岁月和历史深处的感觉。有几许诗意，也有几分淡淡的落寞和凄清。陈景润个子小，又不吭声，他看书，翻阅资料，沉湎其中，经常忘记了时间的推移。工作人员下班了，吆喝几声，看到里面一片宁静，以为没人，急匆匆地下楼，关门，锁上。结果，把陈景润关在里面了。他是不着急的，干脆就在里面看书，待第二天图书馆的工作人员上班，才发现陈景润的眼圈黑了，苍白的脸泛着青色，是熬夜，还是耐不住长夜和苦寒？没有人去深究。管理人员向陈景润道歉，他只是淡淡一笑，仿佛从来没有发生这件事一样。

到了数学所之后，陈景润发现许多外文版的世界数学名著，提高外语水平便成为当务之急。他暗暗制订了自修外语的计划，巩固已有的英语、俄语，自学德语、法语，为了啃下这些外语，他开始攒钱买收音机。

当时的收音机算是奢侈品，一台短波收音机售价八十到一百元不等，相当于他两个月的工资。他买不起。好一个陈景润，他花了十五元钱，从中关村附近的五道口旧货市场买了一台收音机，然后从图书馆借了一本《电子管原理》，决定自己进行修理。

这是一台外形怪异的收音机，同事见了，都哈哈大笑不已，嘲笑陈景润"抠门"。谁也没料到，这架收音机居然被陈景润修好了，不仅声音清晰，而且收听外语的信号也相对稳定。陈景润当然喜出望外，开心地笑了，说道："这台收音机，我派上了大用场，还学到修收音机的本事呢！"同事们由衷赞叹陈景润过人的才智。

叶剑英同志在他的一首诗中这样写道"科学有险阻，苦战能过关"，通俗易懂，但未经苦战的人们，怎能品味这两个字的沉重和分量呢？陈景润调到数学所，正当青春年华，二十多岁的年龄，世界上所有美好的事物几乎都向他敞开大门。而他却把青春岁月的全部，献给攻克科学难关的伟业。

繁华近在咫尺，诱惑也近在咫尺，陈景润全都把它们拒之门外。久居京城数十年，陈景润居然无暇去参观饮誉中外的长城，游玩十三陵则还是后来和由昆谈恋爱时才去的。旁观者往往只看到成功者手中的鲜花和脸上怡然的微笑，对于那常人难以忍受的琐碎、艰辛、劳碌、失败，往往难以理解，甚至不屑过问，这委实是人类的悲哀。

他吃得更是简单，最经常的食谱是：两个馒头，五分钱的菜。手上提着一壶开水。陈景润是颇能喝水的，具有特殊的讲究：开水里总要丢下几片西洋参或人参。或许，这对于他是最奢侈的享受了，上好的人参买不起，但可以用参须。他不止一次地向人们传授经验，喝参须和人参的效果是一样的。是崇尚中国百姓民间的养身之道，还是人参对调节人身机能的确具有某种神奇的作用？鲁迅先生有一句名言"吃的是草，挤出来的是牛奶和血"，这同样是陈景润人格的形象写照。

漫道雄关，陈景润终于跃上峰巅。一九五九年三月，他在《科学纪录》上发表关于华林问题的论文《华林问题 g（5）的估计》一文，他的结果是：

$$g(5) = 37.19 \leqslant g(4) \leqslant 27$$

数论史上的一段空白，被陈景润以最宝贵的青春为代价，填补上了。

陈景润在三平方米特殊世界中创下的奇迹，镌入永恒的史册里。

风从南方来

天有不测风云。人生道路更不像北京东西长安街那样笔直、坦荡。陈景润万万没有料到，正当他在华罗庚的指导下，向数论天地中的一座座森严的峰峦挺进的时候，一场政治厄运会那么快降临到他的头上。

从一九五七年反右斗争之后，中国就进入政治上的多事之秋。带有浓重极"左"色彩的"总路线、大跃进、人民公社"，严重违背国民经济的发展规律，造成比例失调、经济大幅度下降的被动局面。社会主义应当怎样搞？在探索适合中国国情的发展道路上，中国人民第一次付出极为沉重的代价。

别有用心的康生，极力在教育、科研战线推行极"左"路线，率先在武汉大学开展以整知识分子为目标的"拔白旗、插红旗"运动。一九五八年八月二十日，《人民日报》用大半版篇幅报道这场"批判"运动的情况，配发"本报评论员"文章，号召"拔掉教育战线上的白旗"。此风迅速刮向全国。武汉大学的党委书记亲自到北大传授经验，和北大近邻的数学所也全部去北大听报告，浓重的火药味弥漫原来宁静如沐的数学所。

陈景润依然神游在他的数学乐园，指点漫山秋色，审视夕阳西下，或恭迎红日东升。对于政治运动，他弄不清楚，也没有兴致去弄清楚。自从到了北京，日常的政治学习，规定要去参加的记起来，是会去的，有时一忙，就忘了，所里的领导和同事理解他，从来不抓他的辫子。他想得很简单：把科学难关攻下来了，就是对党对祖国的最大贡献。因此，对待当时名目繁多的政治运动，他的认识显得分外的幼稚，有时，甚至会闹出笑话来。

"拔白旗、插红旗"运动是针对党内外学者的，并且，一开始就抓住数学领域，批判"数学不能联系实际"，批判"资产阶级知识分子"。烈火很快就烧到华罗庚身上。当时，数学所三位最著名的数学家——华罗庚、关肇直、张宗燧被竖为大白旗，实际上后面二位是"陪绑"的。三个人被迫作检讨，关、张较快地通过，全所集中力量批判华罗庚的所谓资产阶级学术思想。为了提高青年骨干的理论研究水平，华罗庚在五十年代后期组织了"哥德巴赫猜想"讨论班，他的用意，并不在于攻克这个世界级难题，而是借此提高整整一代人的理论层次和能力，这种极有远见和创造力的培养年轻人的方法，被诬陷为提倡"搞古人、洋人、死人"的东西，是"毒害了青年"。城门失火，殃及池鱼，华罗庚将陈景润调来数学所也成了一大"罪状"，理由是陈景润走"白专道路"，是"顽固坚持资产阶级立场"。大火终于烧到陈景润的头上了。

惊慌、迷惘、无处求助，当一双双严厉的目光直视着陈景润时，他感到从未有过的恐怖，仿佛被整个世界抛弃。他单纯、善良，并非不相信党。当中苏关系破裂，声势浩大的"反修"斗争方兴未艾之时，陈景润偶尔从哪里听到一丝半爪的消息，曾经十分惊惶地跑到数学所的书记那里报告："不得了，有人要反对苏联老大哥了。"经过书记反复解释，他才半信半疑地接受这一严峻的现实。如今，不是思想认识问题，而是直接威胁他生存的问题了。

他很快就想到当年被辞退回福州靠摆小摊度日的暗淡日子，这一回，也会被辞退么？华林问题解决了，还有圆内整点问题、三角和问题……奇峰无数，处处都闪烁着无穷的诱惑力，辞退后，他还可以从事心爱的数论研究么？

面对种种莫须有的指责，陈景润不申辩，也没有办法申辩。在数论领域中，他是骄傲的白马王子，可以尽享风流。在政治运动中，他几乎是一窍不通的门外汉，既不会像一些人那样可以突然拍案而起，慷慨陈词，一反昔日恭恭敬敬对待华罗庚的样子，恨不得把他一巴掌打倒在地；也不会拐弯抹角，冷嘲热讽，向同事射出一支支冷嗖嗖的利箭。华罗庚是他的恩师，他不会"反戈一击"，只能硬着头皮和老师一起接受"大批判"。

　　这场运动的结果是，以华罗庚为首的专家和青年骨干业务人员都靠边站。研究室被取消，代之以军队制的"指挥部"。陈景润和岳景中成了"最顽固的小白旗"。陈景润是华罗庚的门生，岳景中是著名数学家吴文俊的学生，在代数拓扑方面做过很好的工作。"白旗"是要拔的，"大白旗"暂时不好动，"小白旗"则毫不留情地拔下来。陈景润调往大连科学院东北分院的化学所，岳景中调往长春光机所。一个搞数学的人，调去搞化学，目的很明确：放弃专业，以堵死"白专道路"。今日看起来很荒唐，当年，却是郑重其事的。历史，有时就是这样让人感到迷惑、不解。

　　陈景润在大连化学所干了些什么，至今，仍是一个谜，陈景润后来和友人偶然说起洗过许多瓶子。一个数学奇才去洗瓶子，就可以改造他的思想么？还有一种说法是，陈景润多病，在化学所干了不久，就养病去了。没有人去证实，陈景润后来成了名人，当年整过他的人更是讳莫如深。曾有研究者写信或托人去大连了解，但均一无所获，"无可奉告"。陈景润是不记仇的，从来没向人说什么人整过他。甚至当我们向陈景润的夫人由昆问及此事时，她也是一脸茫然，毫无所知。"文革"时期，陈景润惨遭毒打，而那位毒打过他的人，在八十年代想要出国"深造"，找陈景润写推荐信，他居然爽快地答应了，陈景润的夫人由昆对此颇有微词，陈景润的说法是："那都是过去的事了，还记它干什么，就让它过去吧！"因此，对于在大连化学所这一段难堪的岁月，陈景润早就让它"过去了"。最不幸的是岳景中，他在长春光机所"改造"，后来回到数学所，被检查出患鼻咽癌，经治疗无效而英年早逝。

　　中国共产党不愧是伟大、光荣、正确、成熟的党。三年困难时期所造成的严重后果，终于使以毛泽东同志为首的中国共产党人认识到极"左"政策的失误。自一九六一年开始，全党兴起调查研究之风，对社会主义建设的道路进行艰苦的探索，主动纠正"左"的错误，又一次接近真理的大门。根据毛泽东同志的指示，一九六二年，周恩来、聂荣臻、陈毅主持召开了以讨论知识分子为中心的广州会议，一批受过错误冲击的党内外专家应邀出席会议。

正直的华罗庚想到代他受过的陈景润，在会上向周总理提出，要求调回陈景润，让他继续从事数论研究，获得支持。

陈景润又回到北京，被剥夺的科研权终于回到手中，他仍然是那么沉默寡言，偶尔，有老同学和故乡的亲人来京，他那苍白的脸上也会泛起一缕美丽的红晕，兴致来时，还会炒上几个菜。他的西红柿炒蛋做得像模像样。他不愿提难堪的事，对于这一段历史，几乎被他和许多人忽略了。

中国有句古话"善有善报"，善良的陈景润虽然受了不少委屈、误解，但命运还是钟情于他。当然，这次的不幸，比起以后的"文革"大劫，简直是小巫见大巫。

南风总是温暖宜人的。

石破天惊

攻势锐不可挡，重回数学所的陈景润，恰似矫健的雄鹰，在数论的蓝天中搏击风云，巡视日月，只要被他发现目标，便以闪电般的迅猛，发起攻击，且屡屡告捷。

他仍是当年那种模样，穿一身已经褪色的蓝大褂。九月，北京尚是秋高气爽，他却是全身披挂：头戴护耳的棉帽，一只朝上，一只懒散地耷拉下来，布质的大衣，松松垮垮，袖口手肘处都已变白，露出破绽。腋下也破了，有棉花露出来。他身体不好，怕冷，时常把手笼在袖子里。眯起眼睛，看见熟悉的同事，忙打招呼："谢谢！"他在数论中令人惊叹的战绩和他的外貌、神态，形成强烈的反差。一方是斗士，一方却像破落的流浪汉。正因为如此，不少人都认为陈景润是怪人，似乎是不正常的，对此，十分熟悉和了解他的著名数学家杨乐为他辩解过。有一次，记者提问："你是不是也认为陈景润不正常？"杨乐这样回答："科学家都是正常的，当他们在攻关的最后阶段，都忘我地沉浸在研究的对象上。气痴者技精，这就是正常。"

气痴者技精！他说得颇有哲理。

一九六二年第十二期的《数学学报》上发表陈景润的《给定区域内的整点问题》。全文气韵非凡，颇有空山绝响、声震寰宇之势。一九六三年，他又在《数学学报》上发表论文《圆内整点问题》，此文以大家之风，改进了华罗庚的结果。

陈景润成了数学所出名的怪人，话很少，有时，会不声不响地站在同事的后面，看人家在做什么。别人看他个子稍小，眼睛却不乏锐利，只需看一眼，就把你做的课题看个一清二楚，就在你正为那个课题熬尽心血而不得其解的时候，陈景润的论文已经赫然印成铅字，公诸天下了。于是，那每一个字都仿佛幻成嘲弄的眼睛，直瞅着你，让你气得七窍生烟。这种带有孩子气的恶作剧，不止一次。有了他，别人的研究工作经常成为无用功，结果，不少人都思忖着改行，改变研究方向，以免和陈景润撞车。这个来自福建的外表邋邋遢遢的汉子，厉害得让人可怕、可恨，却又奈何他不得，或许，正因为如此，陈景润无意中得罪不少人，"文革"大乱，人们乘机毒打他，妄图置之于死地而后快。"枪打出头鸟""出头椽子先烂""刚者易折"，这些民间谚语都应验在他头上，这确是有深刻的社会和文化背景的。

他一介书生，全然不懂这些世俗，仍全神贯注地做他的数论研究。一个脱俗的人，脱离低级趣味的人，有时是很孤单的，陈景润无暇去想这些，在经历了几场鏖战之后，仿佛攀越群山峻岭，终于看到美丽至极的顶峰在向他微笑，这就是攻克梦寐以求的哥德巴赫猜想。

陈景润从什么时候开始挑战哥德巴赫猜想，至今说法不一。他太内向，对自己从事的项目向来守口如瓶，连最要好的同学、同乡也不轻易透露。从他的工作日程推算，估计是在一九六四年，当时，数学所绝大多数人都根据上级的安排，去参加农村的"四清"，陈景润身体太差，平时又给人不过问政治的印象，于是，留了下来。他正好利用这段难得的空隙，实施他攻克哥德巴赫猜想的宏伟战略。

早在一九〇〇年，德国数学家希伯尔特在国际数学会的演说中，把哥德巴赫猜想看成以往遗留的最重要的问题，介绍给二十世纪的数学家来解决。然而，它委实太难了，一九二一年，英国数学家哈代在哥本哈根召开的数学会上说，猜想的困难程度可以和任何没有解决的数学问题相比。

人类的攻坚精神是非常可贵的。解决这道难题的意义不仅仅在于它的本身，因为，它跟解析数论中所有的重要方法都有联系。它的解决，可以提高解析数论的总体理论层次，还可以把结果推广到代数领域中去，引起数学领域中翻天覆地的变化。牵一发而动全身，其重要意义和迷人之处便在于此。难怪华罗庚会为之长叹不已："哥德巴赫猜想真是美极了！可惜现在还没有一个方法可以解决它。"

近百年来，世界数学界奋不顾身的攻坚者络绎不绝，恰似不断刷新世界纪录的竞赛：一九二〇年，挪威数学家布朗首次打破寂寞，证明了（9+9）；一九二四年，德国数学家拉代马哈证明（7+7）；一九三二年，英国数学家埃斯特曼证明（6+6）；苏联数学家布赫夕塔布于一九三八年和一九四〇年分别证明（5+5）与（4+4）；一九五六年中国数学家王元证明（3+4），同一年，苏联数学家阿·维诺格拉多夫证明（3+3）；一九五七年，王元又证明（2+3）。这些结果的获得，是非常不简单的，但它们的缺点在于两个相加的数中还没有一个可以肯定为素数。

早在一九四八年，匈牙利数学家瑞尼另辟蹊径，证明（1+b）。这里的 b 是常数，用他的方法定出的 b 将是很大的，所以一时人们无法定出具体的 b 来。一九六二年，我国数学家潘承洞与苏联数学家巴尔巴恩各自独立证明（1+5），一九六三年，潘承洞、巴尔巴恩、王元又都证明（1+4），一九六五年，阿·维诺格拉多夫、布赫夕塔布和意大利数学家朋比尼证明（1+3）。捷报频传，距离美丽的顶峰只差两步之遥了。

犹如攀登珠穆朗玛峰，越是接近绝顶，越是险象环生。冰川下，幽幽的深渊恰似魔鬼的血盆大口，随时准备吞噬冒险者。心气颇高的陈景润在刚进数学所的时候，和他最要好的同乡、著名数学家林群曾问他的志向，血气正盛的陈景润曾经响亮地回答："'打倒'维诺格拉多夫！"谁曾料到，这一回，陈景润真的要向世界级的数学大师维诺格拉多夫挑战，他要算出（1+2）。

维诺格拉多夫是用"筛法"攻克（1+3）的，根据他的分析，"筛法"已经发挥到极致，要想再向前一步，必须另辟新路。陈景润不尽相信他的话，他决定对"筛法"进行重大改进，向（1+2）发起最后的冲击。

熬过多少日日夜夜，付出多少艰辛和心血，委实很难计算。石破天惊，一脸疲惫的陈景润在一九六六年春，庄重地向人们宣告，他得出迄今为止世界上关于哥德巴赫猜想的最好的成果〔简记为（1+2）〕，他证明：任何一个充分大的偶数，都可以表示成为两个数之和，其中一个是素数，另一个为不超过两个素数的乘积。消息传开，数学所震动了。

要读懂陈景润的这篇洋洋两百多页的扛鼎之作，并不容易，最早负责审阅此文的是德高望重的闵嗣鹤教授。他一九三五年毕业于北师大数学系，曾在西南联大任教，一九四五年公费获取到英国的剑桥大学攻读解析数论研究生，一九四七年获得博士学位后，在美国的普林斯顿高等研究院研究数学一年。他婉言谢绝导师和剑桥大学的挽留，于一九四八年回国在北大、清华任教并任中科院数学研究所专门委员。

闵嗣鹤教授读完陈景润的这一长篇论文，感到无比的震撼。深谙中外数学界情况的著名学者深知，如果证明陈景润是正确的话，将意味着中国在世界的解析数论方面取得举世瞩目的突破性的重大成就。不得不钦佩闵嗣鹤教授勇于担当的精神和强烈的责任感。当时，他正身患严重的心脏病，随时都有生命危险，但为了审读这篇论文，他拼着性命进行演算、反复核对，其劳作的强度，就像陈景润一样，在这座人迹罕见的高峰上艰难地攀登。最后，闵嗣鹤教授在陈景润的这篇论文的审读意见上，工工整整地写下："命题的证明是正确的，但论文篇幅过长，建议加以简化。"

一字千钧！

此时，中国正处于"文化大革命"的前夕，山雨欲来风满楼。报纸上连篇累牍地刊登批判《海瑞罢官》和"三家村"的文章，知识分子正面临着前所未有的劫难。大祸将临，风云突变，处于急风暴雨中心的北京，更是人人自危。谁也无法预料，厄运会在什么时候落到头上。

时局风云变幻，围绕着陈景润这篇攻克哥德巴赫猜想（1+2）论文的发表，中国科学院有关部门展开了一场激烈的争论，应当佩服仗义执言力排众议的关肇直先生，他奋勇为陈景润的辉煌成果担当起力荐发表的重任，面对种种怀疑甚至无端的责难，这位正直的数学家，正气凛然，力排争议，拍案而起，慷慨而激越地宣告："我们不发表陈景润的这篇文章，将是历史的罪人！"

斩钉截铁，掷地有声，如惊雷横空，江河泻地。真理的光辉终于战胜邪恶的阴影。

陈景润 1966 年证明"1+2"的论文手稿

一九六六年第十七期《科学通报》，陈景润的《大偶数表为一个素数及一个不超过两个素数的乘积之和》赫然印在上面。幸运的陈景润，赶上"文革"前夕，这家权威杂志的最后一班车。此后《科学通报》就被迫停刊。

该文的发表，很快就引起世界数学界的强烈反响，但不少人抱着怀疑的态度，不大相信中国数学界有此等奇才。同时，文章本身也确实有改进的地方。很可惜，中国已卷入"文化大革命"的旋涡之中，烽烟漫天，斯文扫地，谁也无暇去注意国际上的反应，更没有人去重提陈景润几乎是以生命为代价换来的辉煌成果。非常岁月，黑白混淆是非颠倒，陈景润更是没有想到，一场带有毁灭性的灾难正向他扑来。

第四章

喋血跋涉

陈 景 润 传

祸从天降

一九六六年六月，"文革"爆发，势如狂潮，漫卷全国。中关村已经放不下一张平静的书桌了。

到处都是大字报。昔日文质彬彬受人尊敬的学者、专家，一夜之间，全变成丧魂落魄的"牛鬼蛇神""资产阶级反动学术权威""国民党的残渣余孽"……挂牌、游街、示众，被"一脚踩在地上"，还要"永世不得翻身"。身穿草绿色军装的红卫兵，挥舞着军用皮带，耀武扬威地从街上走过，他们大多数是不谙世事的中学生，居然把打人视为称雄于世的"革命行动"。

每一个单位都出现扎着红袖章的"造反派"，数学所当然也未能幸免。当一群人气势汹汹地涌向陈景润，把他当作"寄生虫、白痴、传染病患者"揪出来的时候，他茫然不知所措，一双疑惑的眼睛瞅着这群疯狂的人们：世界，怎么了？人们，怎么突然变成这样？

数论王国中纵横驰骋的潇洒骑士，在现实世界中被丑化为一钱不值的垃圾，昔日的辉煌，一夜之间就变成不可饶恕的大罪。甚至连极为神圣的哥德巴赫猜想也遭到莫名的亵渎：批斗陈景润的人唾沫横飞，用最时髦的"革命"性的语言宣布：让哥德巴赫猜想见鬼去吧！（1+2）有什么了不起！1+2不就等于3么？吃着农民种的粮食，住着工人盖的房子，有解放军战士保护着，还领着国家的工资，研究什么1+2=3，什么玩意儿？伪科学！

最令陈景润不解的是，说这种话的人不是不懂数学、数论的人，他们明明知道数学，且研究颇深，对哥德巴赫猜想这道代表世界数学水平的名题，更是了如指掌。然而，却故意这么诽谤他，丑化他，这些人莫非是疯了？

西方的社会学家以人有人性和兽性的两个截然不同的侧

面，来解释这种非常时期的荒唐。实际上，这是"文革"时期极左思潮泛滥成灾的结果。整个社会权力的失控和在极左思潮煽动下私欲派性的恶性膨胀，几乎使所有的真理都受到颠倒。覆巢之下岂有完卵，陈景润怎能逃脱这场劫难？

一身清白的陈景润，徐迟曾这样描绘他："他白得像一只仙鹤，鹤羽上，污点沾不上去。而鹤顶鲜红；两眼也是鲜红的，这大约是他熬夜熬出来的。"这是诗人深情的礼赞，严峻的现实是，美丽的仙鹤正经受着无情的讨伐和毫无人性的摧残！

他是属于研究室一级的"牛鬼蛇神"，外出时，必须自己挂好造反派赐给他的牌子。那是一块二尺多长一尺多宽的三合板，上面用墨水写着他诸多的罪名，一根细绳拴着，牌子不重，但是，那恶意的诽谤和邪恶的侮辱，却如沉甸甸的大山，压着身体瘦弱不堪的他。去食堂买饭，也要挂着。回来时，陈景润把牌子摘下来。精于计算的他，偶然发现牌子的特殊用途，恰好可以用它遮挡从窗外射来的阳光。他用那台旧的收音机顶住牌子，挡在窗前。屋内，居然温馨了许多。

高贵的数论已经被人践踏得不如一张草纸。但陈景润像痴心不改的恋人，仍一如既往地恋着它。此时，他已搬到那间刀把形的六平方米的"锅炉房"中，没有锅炉，凸起的烟囱占了一个显眼的位置，进门的左侧，正好放一张单人床，一张断腿的凳子横着放倒，正好坐人，床，就成了书桌。他伏在床上，仍然算他的数学。一九六六年六月，虽然发表了他那篇攻克哥德巴赫猜想（1+2）的论文，但他知道，证明过程还有许多不足：过于冗杂，不简洁，还有失之偏颇和不甚明了之处。仿佛是上山的路，他上了峰顶，但路线尚不清晰，他要进一步完善它，简化它。窗外，门外，浊流滚滚，嚣声震天，陈景润揩干了脸上被啐的唾沫，深埋所受的创伤，仍是钻研他的数论。"两间余一卒，荷戟独彷徨"，不得不佩服和赞叹陈景润那已是痴迷得无法自拔的精神。

　　当运动深入发展，目标逐渐转移到整"党内走资本主义道路的当权派"的新阶段以后，陈景润渐渐被狂热的人们忘却了。因为，较之于诸如国家主席刘少奇、前国防部长彭德怀和北京市委书记彭真等大人物，陈景润真的算不上什么。他开始把牌子提在手上，一手拿着碗，一手提着那块牌子，见没有人为难他，慢慢地，那块牌子便靠在窗前，只发挥它遮挡阳光的应有作用。他终于明白了，他也可以"自己解放自己"的。

　　狂潮奔涌，难得有片刻的宁静。已是伤痕累累的陈景润，经常处于心惊胆战的心态之中。此时，数学界的泰斗华罗庚受到严重的冲击，他被打成"反党反社会主义的资产阶级大学阀"，家被抄了，而且被"揪"到数学所进行批斗。内行人整内行人是很可怕的，某些人特地逼华罗庚的学生去批斗他，他们自然知道陈景润和华罗庚的特殊关系，于是，一次次地要陈景润"站出来"，揭发批判自己的恩师。陈景润坚决不做伤害华罗庚并有损于自己人格和尊严的事，他恪守"一日为师终生为父"的古训，拒绝了那些人的无理要求。他对自己的恩师尊敬有加，且在形势异常险恶的情况下，也不改自己的初衷。陈景润在政治上，对于谁好、谁坏，心里有个谱，且决不做违心的事。据李文清先生回忆，"四人帮"曾多次要陈景润写大字报揭发邓小平，威胁，利诱，逼迫，逼得他几次差点试图自杀。他最终还是坚持原则，不写一个字。"文革"大乱，暂时的宁静之后，是越来越无法收拾的混乱，某些人借对华罗庚批斗的逐步升级，妄图再次加罪于陈景润，要华罗庚"坦白"为什么将陈景润当成"白旗"拔掉之后，又将陈景润调回数学所，华罗庚态度同样十分鲜明，拒不回答这一问题。陈景润曾被带着去参加批判华罗庚的批斗会，他看不惯那种颠倒是非混淆黑白的场面，乘人不注意的时候，悄悄溜了出来，跑了。这种特殊的反抗形式，当然很可能给他带来更大的灾难，但心地纯洁容不下半点污秽的他，宁可玉碎，也顾不得那么多了。

　　陈景润从此变得更为小心谨慎了，轻易不出门。最要好的朋友林群是他的老乡、同学，但不在一个研究室，平时，也难得有太多的接触机会。陈景润不善于申诉，受了天大的委屈，也只是忍着。数论，哥德巴赫猜想，是他生命中最忠实的旅伴。他把房门关得紧紧的，用沉默无言筑起马奇诺防线。喋血跋涉，需要超人的意志和韧性，小屋中，他几乎幻成一幅凝然不动的油画，一座岿然坚毅的雕塑。

尽管如此，厄运之神还是不肯轻易放过他，一场更大的灾难，伴随着社会的大乱，向只求一隅宁静的善良人，露出可怕的狞笑。

陈景润传

跳楼

岁月如水，几乎洗尽发生在这里惊心动魄的一幕。

中关村八十八号楼，浅绿，带灰，五层的钢筋水泥旧式建筑，式样陈旧，如今，是中国科学院研究生分部。莘莘学子云集京城，正编织着对未来如花似锦的憧憬和梦幻。

沿着幽幽的阶梯上到三楼，是一家装备现代化的公司，穿着入时的姑娘，端坐在电脑前，正聚精会神地操作，问及"文革"时发生在这里的事情，一个个摇头三不知，仿佛是听"天外来客"的神话一样。毕竟已经过去五十多年了，超过了半个世纪，风雨可以剥蚀山崖，时光怎能保持那不堪回首的记忆呢？

人去楼空。陈景润那间六平方米的住房，已是空无一物。门锁着，依稀锁住了封存在经历那段铭心刻骨日子的人们脑海中带血的记忆。

事情发生在一九六八年九月底，具体的日子，连许多当事人都记不清了，只记得陈景润像往年一样，早早地戴上那顶棉帽，穿上那件看去松松垮垮的棉衣。他身患多种疾病，身体太差，又缺乏营养，十分怕冷。有好心人看到陈景润一脸菜色，曾经提醒当时的掌权者，要注意，不要让陈景润一个人死在屋子里。从外表看去，饱经折磨和艰辛劳作的陈景润，似乎风前残烛，经不起任何摧残了。但那些心肠如铁石的人们，连哼一声也不屑，他们的态度很明确——让他自生自灭吧。倘若真如此，也算是陈景润的幸运。"树欲静而风不止"，人们爱用这句谚语，陈景润这棵病恹恹的树，连宁静活下去的权利也被残忍地剥夺。

事情是由房子引起的。当时，数学所一个姓曹的女同志，被打成"牛鬼蛇神"，无处关押。造反派中看中陈景润住的这间小屋，于是采取"革命行动"，再一次把陈景润打倒，关进"牛棚"

里，这样做，就可以霸占陈景润的小屋，解决关押那位女性"牛鬼蛇神"的问题，又可以让陈景润再次"触及灵魂"，一举两得，且冠冕堂皇。

阴谋很快付诸行动，曾经神游于数学王国的人们扎紧腰间皮带，幻成凶神恶煞的打手，伪装都不要，也不宣布陈景润的"罪状"，而是乘着夜色，扑向陈景润。想当年，陈景润在数论的苍穹里驾着云头，飞翔得何等飘逸、自如，让其他人望尘莫及，他光彩照人，其他人便自惭形秽，他几乎差一点把其他人扫地出门，而今，终于轮到将他扫地出门了。学术水平上的竞争被权力、派性扭曲为可怕的你死我活的"阶级斗争"，不幸悲剧接踵而至。

嘭，嘭，嘭——强烈的擂门声，骤然响起，撕心裂肺。一脸惊惶的陈景润被一涌而入的造反派围住。他想申辩，他不知道犯了什么过错，更不明白命运和人们怎么老跟他过不去。但一切都晚了，手脚敏捷的打手，掀开他的床板，下面全是草稿纸和手稿，密密麻麻写满符号、定理、演算推理过程，这是陈景润一生的心血，是向哥德巴赫猜想喋血跋涉的真实记录，是未来可以震撼世界的数论辉煌大厦的雏形，是五官发育已见眉目的婴儿，是比陈景润的生命还要珍贵的瑰宝！陈景润奋不顾身地扑过去。宁为玉碎！他下了死决心去保护它们，身体瘦弱的陈景润不知从哪里来的劲儿，顷刻之间，就成了威武不屈的勇士！

"还在搞这些死人、洋人、古人的东西，还在搞封、资、修，你想复辟么？罪证如山，罪证如山！"那些"内行"的人们一边骂，一边奋力撕毁这些草稿纸和手稿。

人们妄想毁灭它！或者，把它"扼死在摇篮里"，这些受过高等教育的人们，深知留下它，对自己是个致命的威胁，他们一边撕，一边感到有着难以言传的快意！

欲哭无泪，肝肠寸断！陈景润奋力抗争，但他一个人，怎能敌得过气势汹汹的一群人呢？突然，有人扭住他瘦小细软的胳膊，往后一拧，让他领略了"文革"中最为流行的"喷气式"的滋味！

"搜！搜！"有人乘机呼喊，火上浇油。陈景润平时十分节俭，他把能够积存下来的钱全都存了起来，以防有朝一日"失业"，仍可以研究他的数学。熟悉内情的人，知道他还有一两件硬通货——金戒指。那是慈母留给他的唯一的纪念品，平时，他珍藏在贴肉的内衣口袋里，小心翼翼地缝上，万无一失！丑陋的一幕上演了，几个人扑上来，其中还不乏女将，他们剥下陈景润的衣服，瘦骨嶙峋，一根根肋骨凸出来。

他们撕毁陈景润的手稿，搜出他的存款、存折、金戒指，连那把福建产的油纸伞也被撕成粉碎！剩下的伞骨，居然成了鞭子，一个女将举起来，劈头盖脑地往陈景润砸去。

造反派得胜了！陈景润被赤条条地从小屋中驱赶出来，正当人们得意地把陈景润押往"牛棚"——三楼东头的一间有二十多平方米的屋子时，陈景润突然从队伍中挣脱出来，箭一般地往"牛棚"方向奔去，往左一拐，人影一闪，只听到门嘭地一声响，"牛棚"近邻的一间小屋便被关上了！

陈景润想干什么？这个"死不改悔的阶级敌人"莫非想纵火么？阶级斗争观念特别强的造反派，顿时紧张起来，有人狐疑地贴门听个究竟，毫无声息，用力一推，岿然不动，门已被陈景润拴死！

小屋中，只剩下陈景润一个人。理想、追求、奋斗已经被残酷地毁灭了，用麻袋装的草稿手稿已被洗劫殆尽！一生的奋斗全付诸东流！人格、尊严的侮辱，更是令人心碎！如此连猪狗都不如地活着，还不如以死抗争，以明心志！

热血往上涌！他万万没想到，他连生存的权利，连做人的资格也被这样残忍地剥夺得一干二净！像"文革"中无数被逼上绝路的人们一样，陈景润准备用最惨烈的方式结束自己的生命。

他腾地跳上桌子，一步便迈向洞开的窗户，下面是万丈深渊么？是挣开血盆大口的地狱么？顾不上了，他闭上眼睛纵身往下一跳！

命不该绝。他从三楼窗口往下跳，伸出的屋檐怜悯地挡了他一下，地上的一棵杨树，更是极有同情心地伸开手臂，减缓了他跳下的速度，陈景润不能走，"老九"不能走！不乏正义的世界都在急切地呼唤，都在深情地挽留，都不忍心发生那惨不忍睹的严重后果。

同样是一个罕见的奇迹！跳楼的陈景润安然无恙，只是大腿上擦破点皮，涔涔的鲜血冒出来。一个造反派干将，见到跳楼后平安无事的陈景润，居然这样挖苦他："真不愧是个知名的数学家，连跳楼都懂得选择角度！"

乾坤颠倒如此程度，本来就口讷的陈景润一时没有回答，也无须回答了。他只是用愤怒的目光盯了他一眼。在法西斯式的暴行面前，语言是最苍白的。

陈景润传

熬了四年的煤油灯

终于结束"牛棚"生涯。陈景润拖着满身创伤，回到那间六平方米的小屋。据说，为了防止被关押的"黑帮""畏罪自杀"，小屋中的电线全部被扯断。没有电灯，陈景润点起那盏旧式的煤油灯，谁能料到，一点便是四年呢！

往事不愿回首，更不堪回首。蹲"牛棚"的时候，陈景润总是排在"牛鬼蛇神"队伍的最后，稍稍拉开一点距离，他个子小，瘦弱不堪，又理着小平头，不经意时，还以为是个半大的孩子。他不承认自己有罪，也拒绝写什么检查、请罪之类的东西，造反派抓不到他更多的"罪证"，军宣队、工宣队进驻中科院，整个数学所都忙于去走"五七道路"，准备去"五七干校"时，就把陈景润从"牛棚"中放出来，让他回到原来住的那间小屋中。

满屋灰尘。被洗劫一空的小屋，寸寸都是凄凉冷清。被关押的"黑帮"已不知转向何处。煤油灯昏黄的灯光，把小屋照得更像一间古老的囚室。长安街上仍是一派灯海。人声鼎沸。六十年代末期，中国的政治风暴一阵紧似一阵，造反派们忙于"打内战"，忙于"夺权"。尽管已经实现"全国山河一片红"，但危机四伏，中国最大的阴谋家、野心家林彪正在阴暗处，磨牙吮血，随时准备向毛泽东同志下毒手，然后一巴掌把中国人民推入血海之中。陈景润当然不明白这些险恶的政治风云。尽管"灵魂"触了，皮肉也触了，他在政治上仍然没有根本的长进，一躲进小屋，他痴心的数论，尤其是哥德巴赫猜想，仿佛是春天明媚的阳光，很快就驱散小屋中囚室般的阴云。屈原在《离骚》中曾经深沉地吟咏"路漫漫其修远兮，吾将上下而求索"，陈景润迅速深藏起心灵的创伤，又开始他那矢志不移的攻关之旅了。

动乱的时代给他留下一个天赐良机，他身体很差，又患过肺结核，当中科院绝大多数人都打起背包，到"五七干校"中去"滚一身泥巴，炼一颗红心"时，陈景润意外地被留了下来，免除了那场近似苦役的"劳动改造"。恰似大潮退尽，昔日乱哄哄的数学所顷刻宁静下来。长长的走廊，一到夜晚，便空无一人，空旷、寂寞，仿佛还有淡淡的忧伤。时代，似乎忘却这座神圣的殿堂；神不守舍的人们，似乎也忘却陈景润了。

两盏煤油灯，一盏亮着，一盏默默地守候在墙角，随时等候主人的调遣。黄中带青的灯光，把陈景润那瘦弱的身影，幻成一张写意变形的弓，清晰地映在白墙上。他又开始那梦魂牵绕的神游，巡视数论艺苑里的草木春秋，品评已是长满青苔的绝壁、悬崖和吊角如翅的古亭。小径如丝，系着那飘逸的浮云，还有那总是神秘莫测的群山峻岭。低头细看，脚下荆棘丛生，石阶上湿漉漉的，莫非是孤独的跋涉者洒下的眼泪和汗水么？

草稿、手稿已被可恶的人们毁尽了。一片废墟，满目疮痍，只有几根枯草在料峭的冷风中瑟瑟地颤抖着。要另起炉灶，一切从零开始，用生命为代价，托起哥德巴赫猜想大厦的恢宏，"死不改悔"的陈景润就是有这么一股韧劲和傻劲，认准的真理，就义无反顾地献出自己所有的一切！一个人是渺小的，他的能力也是单薄而有限的，然而，当他把自己的一切包括生命，和光照日月的真理融汇在一起的时候，就像一滴水融进浩瀚奔腾的大海，一棵草化入气势磅礴的草原，便会产生神奇的伟力、永恒的生机。

窗外，万家灯火，一派辉煌。只有陈景润的小屋中，一灯如豆。

一个数学奇才成了数学所中地位最为卑微的卑贱者，且长期受着漠视、歧视、冷漠、侮辱。灯光无言，照亮咫尺天地，照亮那深深浅浅且不乏歪歪斜斜的一行行坚实的脚印。一个连用电灯的资格都被剥夺了的人，却从事着令全世界的数学界都为之震惊的伟业，这正是中国知识分子命运的悲壮之处。毛泽东高度评价鲁迅先生，称赞他没有丝毫的奴颜和媚骨，是一棵顶天立地的大树。我们当然不能机械地把陈景润和鲁迅先生进行类比，但陈景润在"文革"期间所表现出来的精神、气质、品格，不同样洋溢着中华民族可贵的硬骨头精神么?

  周围不乏好心人关心陈景润,也有人提及给他装一盏电灯,当这一点要求也无法实现的时候,陈景润自嘲地说:"不要装灯也好,没有干扰。因为有人偷用电炉,楼里老是停电。"他对那些暗中表示关心的人说:"不要关心我,会连累你的。""文革"期间,一个侄儿曾来京看望他,他匆匆地把他送走,嘱咐着,今后不要贸然前来,小心影响你的前途。非常时期,陈景润不乏心细,更不乏那颗时刻为他人着想的爱心。

  他把所有的精力都用在完善和最后简化证明哥德巴赫猜想上。经过一次次浩劫,他的许多研究成果、材料遭到毁灭性的破坏,他只好凭着记忆,一点点修复、弥补。他在顽强地寻找到达顶峰的新路径,他曾经形象地比喻这一阶段的研究状况:"譬如,从北京城到颐和园,有许多条路可以走,要选择一条最准确无误而且最短最好的道路。我以前写的那个长篇论文是没有错的,但走了远路,绕弯了。"

  (1+2)的简化证明,不亚于原来极其艰辛的攀登、探索。而且,此时,肉体和精神皆饱经摧残的他,身体状况很差,很差,他曾经恳切地对熟悉的朋友说过:"我知道自己的病情非常严重,细菌吞噬肺脏肝脏,心力到了衰竭的边沿,可是我的脑细胞还是非常健全和活跃。而且简化论证工作比我的生命还要紧,我不能停止下来啊!"当时,中国数论研究的领域,一片荒芜,几乎成为废墟。好心的人善意地劝说陈景润:"你就别劳心费神了吧!就算你攻克了哥德巴赫猜想,换来的只不过是一顶更大的'白专'帽子,还是将自己的身体养好吧!"那些心怀叵测的人,始终不放弃对陈景润的嘲讽、挖苦、打击、陷害,他们把陈景润视为修正主义的苗子,封、资、修的忠实信徒,总是欲置之死地而后快。

  陈景润在风刀霜剑的严酷环境中坚韧地穿行。

  那间六平方米的小屋终日紧紧地关着,夜晚,窗口上有昏暗的灯光在摇曳。人们不知道陈景润在做什么,仿佛也不屑于去知道它。偶尔,看到陈景润从小屋中出来，手提一个北京已很难看到的竹壳热水瓶，或者，端着一个碗口斑驳的搪瓷碗，打水、吃饭，生存之必需，无法免了。好奇的人们，也会在他房门虚掩的时候，推开一看，是在听收音机，受惊的陈景润会像突然遇到天敌的兔子一样，从座位上弹起来，忙不迭地解释："我在听新闻，关心国家大事！"

实际上，他是在听英语广播，数十年来，这是他雷打不动的一课。陈景润的英语水平令人惊叹，是长期坚持自学，听英语广播的结果。他当时最担心有人诬陷他收听敌台。因此，总是惊惶地解释不止。

四年，一千多个日日夜夜，熬了多长的灯芯，烧了多少煤油，无法统计。陈景润后期得了帕金森综合征，有专家分析病因，和他长期用煤油灯，吸入煤油烟中含量过多的苯有很大的关系。他不懂医学，也很少顾惜自己的健康，像一个上了战场的士兵，冲锋号一响，除了冲上目标，什么也不顾了。

家中的兄弟姐妹和亲戚常挂念他。弟弟陈景光是个颇有造诣的医生，多次关心哥哥的婚事，医院中女性多，且不乏各方面条件皆不错的姑娘。每提起此事，陈景润先是红起脸，然后便是一口拒绝。为了攻克哥德巴赫猜想，他早已横下一条心，紧紧地关起爱情的大门。

这是陈景润最困难的岁月，也是陈景润创造辉煌的关键时期。四年，在煤油灯下，陈景润经受过多少次的失败，没有人能知道。为了不给人留下口舌，他一直守口如瓶。人们只是在他获得成功之后，发现他床底下足有三麻袋之多的草稿纸。

对于陈景润的硬拼硬打的精神，早在一九六三年，他的好朋友林群就为之惊叹了。有一次，陈景润问："一个十阶行列式，怎么知道它一定不等于零呢？在一篇别人的论文里是这么说的，这个作者用什么办法来算它呢？"

这个题目要硬算，须乘三百六十万项，至少要十年。而仅仅过了一个月，陈景润就告诉林群："已经算出来了，结果恰恰是零。我不相信那篇文章的作者会有时间去算它，一定是瞎蒙的。"

陈景润的毅力和耐性，以及敢于去碰大计算量的勇气，是一般人所不能及的。

哥德巴赫猜想具有极强的逻辑性和极为缜密的推算过程，无法用电子计算机（当时陈景润也没有此种设备），陈景润仅靠一双手，一支笔，胼手胝足，终成大业，何其容易？

如今，这盏如文物一样保留在陈景润家中的煤油灯，或许，是个最好的见证吧。

雪峰，冰川，晶莹剔透的神话世界。

一九七二年，经过九九八十一难的陈景润终于登上喜马拉雅山山巅。他用独特的智慧和超人的才华，改进了古老的筛法，科学、完整地证明了哥德巴赫猜想中的（1+2）。一九六六年，他曾证明过，其时，洋洋洒洒的两百多页论文，烦琐且不乏冗杂之处，《科学通报》发表的，仅是一个摘要式的报告，而现在，一篇流光溢彩珠圆玉润的惊天动地之作，就揣在陈景润的怀里。

他无限喜悦，恰似兀立这世界罕见的绝顶，览尽绮丽风光。远天如画。骄傲的白云，极为温顺而优雅地簇拥山前。黄河，长江，还有中华民族的脊梁长城呢？它们化为奇峰绝壁中遗落的传奇？还是以不屈的英姿，托起这几乎是亘古不凋的丰碑？

同时，他也感到莫名的忧虑。林彪的事情发生之后，中国政坛发生强烈的震撼。不愧是一代伟人的毛泽东，以力挽狂澜之势，"解放"了一百七十五位将军，并于一九七三年四月起用邓小平，虽然极左思潮并未得到根本的纠正，"四人帮"仍甚嚣尘上，但滚滚寒流中，已经可以预感到不可遏制的春天的气息。"老九不能走"，毛泽东一句诙谐的话语，使处于逆境中的知识分子强烈地领略到阳光的和煦和明媚。陈景润并不完全了解中国当时的政治气候，他从周围人们的神色和对他的态度中隐隐感觉到，局势相对宽松一些。但他毕竟受过严重冲击并且声言再也不搞业务，心中的余悸并未完全消失。他私下里对要好的朋友透露："我做了一件东西，不敢拿出来。"

没有不透风的墙，陈景润的秘密终于暴露。当时，派驻中国科学院的军代表负责人是一个将军，久经战阵的他也得知消息，沉着地告诉部下，尽量动员陈景润拿出来，八年过去了，"文革"

大乱，相当于打了一场抗日战争，科学领域已鲜见奇葩异草，正直的人们，同样渴望那能引来百花盛开的一枝独秀。

陈景润是谨慎的。他把这一"稀世珍宝"交给自己最信任的北京大学教授闵嗣鹤。闵先生在北大为研究生开过"数论专门化"课程，培养了曾攻下哥德巴赫猜想（1+4）的潘承洞等人，更重要的，闵先生一贯为人厚道、正派，是个德高望重的数学界前辈。

命运同样钟情陈景润，当时，闵嗣鹤先生的确是审定这一论文的最理想人选。不过，闵先生已经得了病，他心脏不好，体力衰弱，他把陈景润的论文放在枕头下，靠在床上，看一段，休息一会。老学者极端认真，每一个步骤，他都亲自复核和演算。犹如登山探险，沿着陈景润的脚印和插上的路标，他抱着病躯，喘着气，一步一步地往前走。风雨兼程，实在坚持不住了，坐在冰冷的石头上歇一会，咬着牙，又往前走。可敬可佩的闵先生，用生命之火的最后一缕光焰，点亮陈景润的前程和中国科学的明天。

经历三个月，闵先生精疲力竭，他含着满意的笑容，向陈景润说道："为了这篇论文，我至少少活了三年呀！"

陈景润的眼圈红了，嘴里不住地说："闵老师辛苦，谢谢闵老师。"他不善言辞，说不出满腹的感激之情。

数学所的王元，也独立审阅了陈景润的这篇论文。王元在"文革"中同样受到冲击，无端被诬为反革命小集团的成员。他和陈景润同辈，在冲击哥德巴赫猜想过程中，同样有过辉煌的战绩，他证明过（3+4）、（2+3）、（1+4），为了慎重起见，他请陈景润给他讲了三天，进行了细致的演算，证明陈景润的结论和过程都是正确的，在"审查意见"上写下"未发现证明有错误"的结论，支持尽快发表陈景润的论文。

事实被不幸言中，闵嗣鹤教授在审核完陈景润的论文不久，不幸去世。陈景润悲痛万分，他痛楚地对同事说："闵先生是好人，今后，谁来审我的论文呢？"

《中国科学》杂志顶着重重压力，于一九七三年四月正式发表陈景润的论文《大偶数表为一个素数及一个不超过两个素数的乘积之和》。这就是哥德巴赫猜想（1+2）。该文和陈景润一九六六年六月发表在《科学通报》上的论文题目是一样的，但内容焕然一新，文章简洁、清晰，证明过程处处闪烁着令人惊叹的异彩。

春雷阵阵。世界数学界轰动了。处于政治旋涡中的中国数学界，尚未从浓重的压抑中完全解放出来，但不少有识之士看到陈景润这篇论文的真正意义：它是无价之宝！是一颗从中国大地升起的华光四射的新星。

密切关注陈景润攻克哥德巴赫猜想（1+2）的外国科学家，看到这篇论文以后，真正信服了。世界著名的数学家哈贝斯特坦从香港大学得到陈景润论文的复印件，如获至宝，他立即将陈景润的（1+2）写入他与黎切尔特合著的专著中。他们为了等待陈景润对（1+2）的完整证明，把已经排印好的该书的出版日期推延了数年之久。在该书的第十一章，即最后一章，以"陈氏定理"

陈氏定理雕像

为标题。文章一开始，就深情地写道："我们本章的目的是为了证明陈景润下面的惊人定理，我们是在前十章已付印时才注意到这一结果的；从筛法的任何方面来说，它都是光辉的顶点。"

陈景润喋血跋涉的精神，感动所有深知其艰辛的人们。华罗庚在"文革"中久经"四人帮"一伙的迫害，处于逆境之中。他得知陈景润的情况，这位提携了陈景润并培养出不少出类拔萃学生的数学大师，一生严谨，轻易不评价他的学生，也压抑不住内心的激动，说道："我的学生的工作中，最使我感动的是（1+2）。"美国著名的数学家阿·威尔在读了陈景润的一系列论文，尤其是关于哥德巴赫猜想（1+2）论文以后，充满激情地评价："陈景润的每一项工作，都好像是在喜马拉雅山山巅上行走。"

震惊海外的社会效应，在当时相对封闭的中国，许多普通老百姓不清楚。陈景润的知名度，主要源于徐迟的那篇著名报告文学《哥德巴赫猜想》，陈景润为中国人赢得无比的自豪和骄傲。在《中国科学》上刊登了他的那篇著名论文后，他第一个想到的，并不是接踵而至的荣誉和鲜花，而是培养了他的老师和给予他帮助和支持的同事、朋友。他恭恭敬敬地把论文寄给远在厦门大学母校的老师们，在论文篇首题上表示感激的话语并郑重地签上名字。或许，是经历了太多的患难和逆境，陈景润把由此而来的名利、荣誉、待遇看得很淡。他仍是穿着褪色的蓝大褂，看到同事，仍是闪在一旁，率先问好，或表示谢意。一场大战过后，捷报飞扬，波及海外，在陈景润的目光中，一切仿佛都是那么平常，那么顺其自然。他依然节俭得让人感到过分。唯一奢侈的是，不忘记在竹壳热水瓶中放下几把药店中买来的最便宜的参须。

一九七三年是不寻常的。表面上的特殊平静，往往预示出人意外的高潮。黄钟大吕，在有着五千年文明历史的中国，并不至于会那么平淡无奇地消融在飘逝的岁月里。尽管"文革"大劫此时并未结束，中国正处于政治上的非常时期，但光明和真理依旧倔强地展现出那不可战胜的伟力。以毛泽东同志为首的中国共产党人如擎天大柱，撑起科学的蓝天。

陈景润是个传奇式的人物，他是新中国培养的第一代大学生，由哥德巴赫猜想引发的传奇，以常人无法预料的情节，揭开更为波澜壮阔丰富多彩的一页。或许，只有生长在中国的陈景润，才有幸享受和领略如此的幸运。

第五章

风雷激荡

陈 景 润 传

毛泽东下令『抢救』陈景润

北京。中南海。菊香书屋。古老的皇家园林。万木葱茏，碧波荡漾。飞檐吊角仪态万方的大屋顶式的建筑，恰似不动声色的历史见证人，阅尽春光秋色，也阅尽系着中华大地的史诗。

毛泽东日理万机。这位来自湖南韶山冲的农民的儿子，才华横溢的教书先生，挥动那如椽巨笔，将马克思列宁主义和中国革命实践相结合，开辟了中国革命胜利的道路，结束了自鸦片战争以来一百多年中国屈辱的历史。"中国人民从此站起来了！"这一撼天动地的肺腑之言，恢复了有着数千年文明史的中国的尊严。毛泽东不愧是继列宁之后又一个把马克思主义变为实际的领袖，不愧是世界上最伟大的马克思主义者，他改变了历史的进程，改变了世界格局，改变了时代的走向。他的伟大之处，正如邓小平同志所说的：如果没有毛泽东同志，中国人民还不知要在黑暗中摸索多久。

伟人也会有失误之处的。他在晚年，由于对中国形势的错误估计，错误地提出以阶级斗争为纲的"无产阶级专政下继续革命"的理论，发动了无产阶级"文化大革命"，给中国革命和建设造成严重危害。但毛泽东在党和国家生死存亡关头所表现出来的决断精神以及大无畏的气概，仍然闪烁着伟大领袖的夺目光辉。

毛泽东崇尚科学，十分尊重和爱护那些为国家做出重大贡献的科学家，"文革"大乱，他亲自保护了钱学森等一批卓有成就的知名人士。陈景润攻克哥德巴赫猜想（1+2）之后，一九七三年四月六日，中国科学院《科学工作简报》第七期刊发了文章《数学基础理论研究的一项成就》，全面介绍陈景润这项研究成果。客观地说，因为当时的政治氛围，科研工作尚未提到应有的地位，这份简报中对陈景润的成就评价一般，它只是概括性地介绍陈景润的工作并指出，此项成就将会在世界产生较大的影响。接着，新华社据此发布一条消息，调子有了提高，认为是"一项被认为在国际上是领先的新成就""是二十世纪数学的最大成就之一"。中央领导同志看到这份"简报"后，要求科学院"写一份较为详细的摘要"，这份摘要这样写道："……陈景润证明了（1+2）的消息震撼了中国数学界，也震撼了国际数学界。在此之前，数论专家们普遍认为，要想沿用已有的方法（包括筛法）来证明（1+2）是不可能的，而陈景润居然对筛法'敲骨吸髓'加以改造，创造了加权筛法，使筛法的效率发挥得淋漓尽致。"四月十六日，数学所将有关材料备齐，二十日，这份摘要连同将陈景润的论文放大样一并送往中央。后来被报送给毛主席和周恩来。

好事接踵而来。

新华社女记者顾迈南，从时任中科院院长武衡那里，得到陈景润取得一项世界水平科研成果的消息，立即约上摄影记者钟巨治直奔中科院数学所。消息传开，人们议论纷纷，被采访的人告诉前来的新华社记者："这可是一个怪人呀！除了搞数学，什么也不知道，什么也不关心，是有名的'白专'典型。虽然他在科研成就上很突出，但政治上不可靠，是个有争议的人物。"

得此消息，顾迈南忧心忡忡地问："既然是'白专典型'，陈景润有没有反党反社会主义的言论？"

"好像没有什么反动言行，只是不大关心政治。"被采访的人回答。

后来，两位新华社记者找到数学所业务处处长罗声雄，他了解和关心陈景润，向记者详细地介绍（1+2）这项成果的重大意义，证明陈景润并没有发布反动言论之类的政治问题。采访快结束时，罗声雄特别向两位记者介绍陈景润的身体状况，他担心地说："陈景润病得很重啊！中关村的医生多次告诉我们，千万不要让他一个人在房间里，如果发病，死了都没有人知道。"

经过几天的采访，两位新华社记者终于摸清陈景润的情况。连忙写了两篇内参：一篇是《青年数学家陈景润取得一项具有世界领先水平的科研成果》，一篇是《关于陈景润的一些情况》。后面这一篇，如实地反映了陈景润的处境和身体情况，提到陈景润病情危险，急需抢救。内参中还引用了一段被采访者的话："如何对待陈景润这样的知识分子？如何对待陈景润所从事的这种纯理论性的科研工作？中央高层领导必须尽快表个态。"

这两篇内参都得到中央的高度重视。

江青在内参上写道："主席，此事还是请你过问一下为好，至少要先把他的病治好。"

时刻注视着中国的方方面面，为中国命运而日夜操劳的毛泽东，看了后，在内参上面画了个圈，批示："要抢救！请文元同志办。"

一介寒儒似的陈景润，此时，仍然屈居在那间六平方米的小屋中，电灯当然是用上了，他对这些复杂的政治背景，一无所知。长期的伏案劳作，超负荷的科研攻关，加上严重缺乏营养，他的健康状况很差。青年时代，他就患了肺结核、腹膜结核等多种疾病。数学所的人们都知道，陈景润穿衣服，整整要比别人提前一个季节。九月，北京正是金秋，不少人还穿衬衫，陈景润已经套上棉衣。经过这场冲击哥德巴赫猜想的苦战，他更是疲惫不堪，极端怕冷，脸上时常浮起阵阵潮红，大概是病久了，也苦久了，他丝毫没有把这些放在心上。

在那个特殊的年代，贯彻毛泽东同志的批示是不能过夜的，毛泽东画圈"要抢救"陈景润，犹如一声令下，从中南海到各个有关部门，全部行动起来，这是陈景润远远没有料到的事。

北京的四月下旬，天气还冷，尤其是夜晚。陈景润关住门，像往常一样，埋头在数学的研究中。暖气已经停了，他穿着棉衣，头戴护耳的布棉帽，还是觉得凉意沁人。

一九七三年四月二十六日深夜，中科院院长武衡突然接到中央领导的电话，向他传达毛主席的指示，要求中科院刻不容缓地安排"抢救"陈景润，武衡被告知，医疗方面的专家已经等候在清华大学，请他组织人员立即将陈景润送到清华大学。

凌晨两点。几辆轿车悄然停在中科院八十八号楼前。车上匆匆走下一群人，领头的是武衡，还有数学所的负责人赵蔚山。他们走上三楼，到陈景润那间六平方米的门前。

门外突然传来的脚步声，接着的擂门声，让陈景润心惊肉跳，他一看表，已是深夜两点钟，莫非又是来抓他这个"白专典型"么？

他不开门，守在门口。一次次地遭受凌辱，他也长进了，决心反抗，万一不行，无非是再跳一次楼。"士可杀不可辱"，他颇有文人的骨气。

门外的人们擂不开门，便高声喊道："我们是毛主席他老人家派来看你的！"

小屋里面没有动静，来人又放开嗓门，大声喊一遍。

夜深人静，陈景润听清楚了，毛主席深夜派人来看他？！难道，这是做梦么？毛主席怎么会知道我陈景润呢？莫非，是有人故意骗他开门么？

他战战兢兢地把门开一条缝，人们一涌而入，奉"最高指示"来抢救他的人们，见他脸色苍白，一脸病容，在传达毛泽东的批示之后，架起他就要走！惊喜交加。瞬间降临的喜讯，如汹涌澎湃的大潮，几乎要席卷他而去，一阵晕眩过后，定神一看，所有的目光都闪烁着无限的关切、焦虑，甚至爱抚，红太阳的光辉，终于幸福地沐浴在命运多舛的陈景润身上了。

他想说"谢谢毛主席"，又觉得太普通，想喊一声口号"毛主席万岁"，喉咙里仿佛被什么东西哽住，人到最激动的时候，真的会不知说什么才好。陈景润眼眶红了，热了，泪水夺眶而出，这个极少流泪的汉子，真想大哭一场，倾吐积压在胸中无尽的悲欢。

连让他哭一回的时间也没有了，既然是"抢救"，那就必须分秒必争。人们向陈景润讲述了贯彻毛主席批示的重要性和严肃性，毫不迟疑地把陈景润请出那间寒窑式的小宅。门外的轿车早已发动，载着陈景润直往清华大学方向驰去。

命运有时就这么神奇，陈景润被从天而降的喜讯弄得手足无措，他从来没有坐过此等豪华的轿车，更没奢望过被这么多人前呼后拥，像抢救稀世珍宝一样，小心翼翼地拥到一个神秘的地方。他怀疑自己是否变成濒临绝灭的国宝"大熊猫"了。

将近凌晨时分，陈景润被送到设备一流的清华大学医院，特地奉命从北京协和医院赶来的结核病专家张孝骞教授，带着助手已在那里等候。他们对陈景润进行了全面的检查，发现他患有结核病，健康状况虽不像新华社记者写的那么严重，"已是垂危状态"，但体质很差，必须立即住院治疗，必须休养一段时间，陈景润害怕住院，嚷着要回家，人们严肃地告诉他：这是毛主席的指示，必须坚决执行。陈景润终于安静下来。

他挂念着他的小屋。深夜时分，那么多人来"抢救"他，弄得他手忙脚乱，什么东西也没有整理好，草稿、手稿，还有他那点赖以生存的存蓄，都在他的小屋里，数学所并不十分安全，失窃的事情，时有发生。一九五八年，全所绝大多数人去十三陵水库参加劳动，连毛主席、周恩来、朱德等中央领导人都去了。因病在家留守的陈景润，仅是到图书馆去看了一会儿资料，他的财物就被梁上君子洗劫一空。这一次，兴师动众，毛主席下令"抢救"他的特大喜讯传遍中关村，很快演义成无数生动曲折的故事，有鼻子有眼地传遍北京城，万一不测，不是太让人遗憾了么？

孩子气十足的陈景润终于从医院中偷跑出来。他的"失踪"险些变成新闻，奉命"抢救"他的人们怕把事情闹大，悄悄地四处寻找，终于在不被人注意的地方发现他，问及他偷跑的原因，陈景润嗫嚅了许久，说出心病："我担心房子被撬了。"数学家的观念是务实的，人们理解了他。

为了让陈景润安心住院治疗，有关部门搬来保险柜，放在病房里，陈景润贵重的东西，牢牢地锁在里面。他感到从未有过的释然和轻松，所有付出的艰辛和劳碌仿佛都得到补偿。

窗外，已是柳绿花红，蹒跚脚步的春天，终于向陈景润绽出美丽动人的微笑。

好事成双。

毛主席派人来"抢救"陈景润的消息，在中关村，在"文革"中饱受折磨的科学家中间，激起一阵阵波涛，那些对陈景润抱有成见，尤其是整过陈景润的人们，颇为惊慌。然而，那是"造反有理"的时代，他们在稍为平静之后，立即放出风声："有人夸大歪曲事实，欺骗了毛主席。"富有正义感的人们，也毫不相让，责问他们："你们天天高喊要解放普天下三分之二劳苦大众，连陈景润都解放不了，算是什么？"陈景润成了争议不休的焦点人物。

陈景润反而很平静，仿佛什么事情都没发生，仿佛人们议论的不是他，而是其他人。从医院出院回来，他显得精神多了，白中带青的脸上漾出健康的红润，眉宇间透出宁静、恬淡的神韵。他一头钻进那间久违的六平方米的小屋，关起门，仿佛要把一切关于他的传闻、非议统统关在门外。

毕竟是毛主席他老人家发话了，陈景润幸运地得到伟大领袖的保护，那些总不安分的人们，暂时不敢轻易干扰他。一九七三年以后，中国的政治形势还处于动荡之中，"四人帮"利用林彪反革命集团的垮台，借批林批孔之机，矛头指向周恩来总理，妄想利用召开四届人大的机会，抢班夺权。

身患癌症的周恩来总理，早已洞察"四人帮"的险恶用心，在"组阁"问题上，针锋相对而又机敏过人，终于粉碎这伙祸国殃民的恶魔的阴谋。周总理是很细心的，一九七四年，他南下广州，得知陈景润的情况，立即从广州给有关部门打电话，请陈景润当四届人大代表。

消息传来，中关村再一次刮起飓风，所有人都注视着陈景润。

陈景润传

　　这同样是始料不及的事情。周恩来极富远见卓识。"文革"动乱八年之久，整个科技界都瘫痪了，极"左"思潮一阵强似一阵，扰乱了正常的国家秩序，冲垮了全国的经济、政治、文化等各个部门，整个国家处于临近崩溃的状态。更让周恩来担心的是，处于第一生产力重要地位的科学技术，已经多年无人问津，而拭目世界，西方国家、日本、东南亚诸国正利用相对稳定的世界秩序，大步向前发展，甚至腾飞。内忧外患，落后就要挨打，甚至可能被开除球籍。

　　肯定陈景润不懈的科学攻关精神，等于在滚滚寒流中呼唤万木争荣的春天，在漫天飞雪中高唱一支昂首九霄进军未来的壮歌。

　　树起陈景润便是树起一面耀眼的旗帜：科学落后的中国，需要有千千万万的陈景润。正如被毛泽东同志高度赞扬过的清代诗人龚自珍的诗："我劝天公重抖擞，不拘一格降人才。"

　　人才难得，到哪里去寻觅像陈景润这样可以在二十世纪遥遥领先于世界科学前列的人才？然而，并非所有的人都可以当伯乐，都可以识别千里马，都可以理解时刻关注着党和国家命运的周恩来总理的宽广胸襟和放眼未来的目光。

　　有人激烈地反对陈景润当四届人大代表，企图以组织的名义，抵制周恩来总理的决定。古话说"利令智昏"，一些人手上掌管了权力的时候，头脑就会发昏。陈景润所在的中科院数学所，居然出现荒唐事。

　　在数学所的党委专题讨论陈景润当选人大代表的会议上，出现一边倒的反对呼声。他们指责陈景润是"白专"的典型，认为他没有当人大代表的资格，有人放出狂言："就是把刀架在我的脖子上，我也不承认陈景润是又红又专的人。"因此，会后，数学所以党委的名义，写出专题报告上报，反对陈景润当人大代表。

　　此事当然惊动党中央的有关领导。

　　这天上午，中科院党委书记接到从中南海打来的电话，要他立即去中南海面见时任党中央副主席华国锋。他们走进华国锋的办公室，只见华国锋满脸怒色，指着他们的鼻子，严厉地责问："你们连周总理的指示都不办，还听谁的？陈景润当选人大代表的事，你们同意得办，不同意的也得办！"

雷霆之下，这些头脑极"左"的人们，还算识相，只好悄然闭嘴。

周总理得知这些情况后，特别指示会议筹备组的有关人员，将陈景润和他一起，编入天津代表团。这也是对陈景润的保护。

党和国家了解陈景润，相信、信任陈景润，他作为科技界的代表，参加全国四届人大，当之无愧。

陈景润是老实人，在他当选四届人大代表问题上，外界争论得热火朝天，他始终泰然处之，不闻不问，他的兴趣在科研，在数学。对于政治上的大是大非问题，他界线分明，他热爱党，热爱祖国，公私分明，从不做损人利己的事情，他的心地纯洁得如同孩子。在成名之后，有感于党和国家的关心，他曾萌发过加入中国共产党的心愿，这心愿和他熟悉的书记李尚杰谈过，这位来自二野的老战士，热情地鼓励陈景润的上进之心，但也语重心长而又中肯地告诉陈景润，当一个共产党人需要有高度的政治觉悟和崇高的共产主义精神，需要做出无私的奉献和牺牲。陈景润沉湎于数学研究，从他的感觉分析，还是当一个科学家为好。质朴的书记这样启发他：你倘若入了党，连最基本的交党费的事都会忘记。陈景润很快就听懂并理解了。对于国家大事，他是认真的，当接到去参加全国四届人大的会议通知时，一种从未体验过的庄严之情在胸中弥漫开去，他早早就起床，整理好行李，被子、脸盆、洗刷用具，一应带齐。他认为，凡去开会，都要自己带家伙。

当大名鼎鼎的陈景润带着全部装备出现在北京一家高级豪华宾馆面前的时候，负责担任接待任务的工作人员全部忍不住笑了，他们细心地告诉他：开会不必带行李。陈景润惊愕地瞪大眼睛，心里迟疑：那睡什么，用什么？这不能怪他，因为在这之前，他从来没有住过宾馆，更没有享受过如此的特殊待遇。

陈景润，第一次出现在政治舞台上，就是这么幼稚，这么天真，这么可爱！

一九七五年一月十三日，第四届全国人民代表大会第一次会议在北京举行。雄伟庄严的人民大会堂，灯火辉煌，掌声雷动。经过多次手术身体尚未恢复的周恩来总理，以惊人的毅力，健步登上主席台，向大会作政府工作报告。

陈景润参加人民代表大会

陈景润目不转睛地凝视着周总理，那是挺拔的山峰，那是兀立波涛汹涌大海中不屈的礁石；那是耸立在亿万中国人民心中独立支撑的不凋的大树。总理瘦了，英俊的脸庞上，浓眉如剑，目光亲切而犀利，缓缓地巡视着台下几千名代表，仿佛，要把他们一一记在心坎里。

轻易不动情的陈景润，怎么也压抑不住心头的激动。这是他一生中第一次亲眼看到敬爱的周总理，他心里一直思忖，日夜万事缠身的周总理，怎么会记得住他呢？在数学所，他是最卑微的最被人看不起的。他的人格、尊严，常受到莫须有的伤害，他对世界上绝大多数人关起那扇心灵之窗，他怎么也不会想到，共和国的总理，身负操持国事的重任，何等的忙碌，真正是日理万机，竟然挂念着他，亲自提议他担任光荣的人民代表，让他坐在这亿万人民瞩目的地方，商议国家大事。他不善言辞，但多么想走上前去，向周总理说一声：谢谢！再说一句：请总理保重。

陈景润在做报告

掌声如涛，一阵阵席卷过饱经忧患的祖国大地。周恩来总理以他生命的最后力量，号召全国人民把中国建设成为拥有现代工业、现代农业、现代国防、现代科技文化事业的社会主义强国，重申"四化"的蓝图和坚定不移的奋斗目标，犹如春雷震天，强烈地震撼着渴望国家安定富强、人民安居乐业的亿万老百姓的心。陈景润把周总理的话牢牢地记在心里，连同那镌刻在史册上的一幕。

走出人民大会堂，陈景润的脚步更坚实有力了。

世纪伟人的目光

一九七五年，主持中央日常工作的邓小平在全国开始"全面整顿"。被毛泽东誉为"绵里藏针"的一代伟人，力排众议，面对着经过九年"文革"大乱的中国，大刀阔斧地开始强有力的挽救工作，"收拾金瓯一片"。

以江青为首的"四人帮"始终把邓小平看作眼中钉，欲置之于死地而后快，短兵交接多次，充满浓郁的火药味。其时，毛泽东尚相信邓小平，严厉地批评以江青为首的"四人帮"。中国的政治天空，绽出一片难得的短暂的蔚蓝色。由邓小平亲自点将，胡耀邦到中科院来了。邓小平当面嘱咐："要整顿中国科学院，加强领导。"胡耀邦一到中科院，就着手建立科学院党的核心小组，准备向中共中央和国务院的汇报提纲，着手编制科技工作长远规划。百废待兴，滞后的国民经济急需借科研的雄风，重展昔日高速发展的丰姿。

胡耀邦来到数学所。历经劫难，科研人员余悸未消。不少人还对整顿工作持观望态度。另外，业务生疏多年，派仗不息，人心一时还很难凝聚到真正的科研工作上。胡耀邦特地询问到陈景润的近况。他关心陈景润的健康状况，关心改善陈景润的生活、科研条件，让这位数学奇才为国家做出更大的贡献。

尽管陈景润此时已是声名远扬，多数人不得不赞叹他的战绩和刻苦攻关的精神，但争论并未停止。他的生活条件并没有什么改变，仍然住在那间六平方米的小屋中，仍然过着苦行僧似的生活。哥德巴赫猜想（1+2）被攻克了，距离（1+1）只是一步之遥。熟悉数论的人们都清楚，那好比攀登珠穆朗玛峰，越是接近峰顶，便越是艰难，每跨出一步，都要付出沉重的代价。陈景润原来用的改进后的筛法，已不适宜用于来攻克（1+1），要夺取最后的胜利，必须另辟蹊径。敢问路在何方，陈景润正沉浸在深深的思索之中。

胡耀邦到中科院不久，就为每个家庭弄到一个液化石油气瓶，在中关村设立液化石油气瓶交换站，让每个家庭都用上液化气，免去推车买煤的劳碌。他的目光，很快就落在陈景润的住房上——给陈景润调换一套比较好的住房，让他更好地生活，更好地从事科研。

这实在是一个不难解决的问题，然而，在论资排辈等思想观念的影响下，在社会整体还未真正认识陈景润的重要的时候，这件事并非那么顺利。按照数学所的规定，陈景润是单身汉，职称也低，又没有行政职务，只能住集体宿舍，且四个人一间。为了顺利从事研究，陈景润宁可一个人住简陋的小屋。

人才，一个出类拔萃的领先于世界数论研究的杰出人才，在一些人的口头上，可以给予廉价的褒扬、赞美，一旦牵涉到具体问题，就情不自禁地落入旧俗、世俗之中。他们只在口头上承认千里马，并不准备给千里马应有的条件。胡耀邦的关心落空了。

他实在没有想到在数学所落实这么一件小事还会碰到那么多麻烦，他又一次来到数学所，询问陈景润的住房情况，这位党的高级领导人皱着眉头，问有关部门的负责人：“为什么不能给陈景润解决一间稍好一点的房子？”

“可以，但只能搬进四人一间的单身汉宿舍。”

“那就暂时搬进去吧！”

“不过，要缴四个人的住宿费。每月交三十二元钱，不知陈景润同意不？”管住房的人了解陈景润的节俭，担心他不肯交住宿费，或者，因住宿费过高他不肯搬房子。

这一回，胡耀邦真的生气了，他在数学所的会议室里激动地走来走去，对有关部门的负责人大声地说：“你不收陈景润的房租费不就得了么？”

当时，中科院包括数学所的相当一部分人，并不真正理解陈景润的价值，更不懂得保护陈景润健康的重要意义，甚至对中央领导同志一次次褒扬陈景润持不解的态度。说来令人深思，陈景润的住房问题，最后还是由邓小平同志亲自抓才得以解决。

苦惯的陈景润，当然知道胡耀邦亲自为他解决住房而未能如愿的消息，他深深地感激胡耀邦，感激一直关心着他的李尚杰书记。他的思维与众不同，"文革"尚未结束，不少知名学者仍处于逆境之中，上纲上线，轻易被戴上吓人的政治帽子，这种状况，依然严重窒息着许多善良正直人们的心灵，陈景润不止一次地对向他伸来支持之手的同事、朋友说："不要过多来关心我，今后，我变成反动学术权威，会连累你们的。"多事之秋，把这位孩子气十足的数学家也磨炼得成熟了。

对于他执拗地不肯搬家的原因，陈景润曾经对外甥宋力袒露真实想法："我怎么不想住大房间呢？你看现在的房间这么小，上厕所都要绕过屋外各家各户的煤炉，如果钥匙忘记带门突然被关上，我还进不去呢！现在运动多，变量也多，这个小房间，不会有人要的。不管政治形势如何变化，住在这里比较安稳。"被一场场政治运动整的陈景润，就像惊弓之鸟，处处小心谨慎，不得不谨小慎微。

深居陋室的陈景润或许还不完全明白，他的命运、遭遇已不完全是他个人的，成为一代知识分子的缩影，有幸系着国家的大政方针。在中国知识分子群体中，他是幸运的，有幸先后得到三代党和国家领导人的直接关心、关爱。高屋建瓴的党和国家领导人，伸出坚实有力的臂膀呵护着他，支持着他。历史和时代是公正的，那些为党和国家真正做出杰出贡献的人，付出超乎常人的艰辛、劳累甚至是生命，收获饮誉社会的光荣、幸福，甚至价值的永恒。人生的真正意义在于拼搏、奉献，在于无私无畏的开拓奋进和创造。

四届人大以后，周总理病重，毛泽东同志把重担交给邓小平，由邓小平代总理主持国务院工作，任中共中央副主席、中央政治局常委，实际上主持中央日常工作。受命于危难之中，邓小平开始了以"全面整顿"为中心的挽救党和国家命运的生死搏斗。

"全面整顿"是非常时期的硬仗、恶仗，邓小平以大无畏的无产阶级领袖的气魄，挽狂澜于既倒，它的实质是，全面纠正"文化大革命"的错误，在政治、经济、文化、科技、军事等重要领域清除"文革"造成的恶劣影响，恢复马克思主义、毛泽东思想的本来面貌，让被颠倒的历史和社会走上正轨。

陈景润的事迹终于传到关注知识分子命运遭遇的邓小平同志那里。当时不少人认为陈景润走"白专道路"。"白专道路"是射向陈景润的毒箭，也是长期以来强加在许多业务精深的学者、专家头上的沉重枷锁，"文革"时期，更是成了那些自己不学无术而专门去整别人的极"左"派的"紧箍咒"。邓小平目睹这股极"左"思潮给国家造成的深重灾难，一提起来就怒火中烧："什么白专道路，总比占着茅坑不拉屎强！"

为了攻克哥德巴赫猜想，完成科学工作者应尽的神圣职责，陈景润长期以来，废寝忘食，不计名利、地位、条件，以超乎常人的毅力奋力攻关，几乎耗尽生命，何罪之有？

鲁迅先生有一句名言："吃的是草，挤出来的是牛奶和血。"陈景润的精神和品格，就是鲁迅先生所赞颂的高尚的人生。是感叹陈景润在长期身处逆境之中不屈的奋斗精神，还是寄希望于中国千千万万的知识分子呢？邓小平意味深长地告诉人们：像陈景润那样的科学家"中国有一千个就了不得"。

一个陈景润，已是在数论中领先世界于二十世纪，令全世界的有识之士对中国刮目相看，倘若有一千个陈景润，我们就是在科学的绝大多数领域，真正矗立于世界民族之林。科学，主宰近代和未来之神，当中国尚处于"万马齐喑"非常岁月的日子，邓小平就预见了它振兴中华的非凡力量。

我们可以这样说，邓小平是真正走近陈景润的领导人。当时，面对重重压力，他能够如此鲜明地响亮地振臂一呼，何其不易，世纪伟人的目光，系着千钧雷霆，也系着世说纷纭的陈景润，这是陈景润的幸运和光荣，也是中国知识分子的自豪和骄傲。

邓小平是重国情而又务实的。"四害"既除海碧天青之日，邓小平第三次走进中南海，领导全党全国开始以改革开放为中心的新的长征。此时的陈景润，当然也"解放"了，邓小平仍关心着陈景润的各方面情况，在得知陈景润有具体的困难而他本人又无法解决时，下达这样的指示：一周之内，请给陈景润解决三个问题：住房、爱人的调动和配备一个秘书。

一个肩负国家命运的领袖，亲自去为陈景润解决这些凡人琐事，是传奇、佳话，还是声震云天的呼唤？陈景润因此住进四房二厅的居室，分居的爱人由昆也由武汉调入北京，李小凝同志当了陈景润的秘书。来自中南海的春风，吹进陈景润的心里，也吹遍祖国的神州大地。

陈景润是一面旗帜。他是邓小平同志亲自树起来的。

陈景润是一部传奇。他浓缩了整整一个时代知识分子的悲欢。

陈景润是一首史诗。他展现的瑰丽雄奇，令中华大地熠熠生辉。

陈景润是一座丰碑。他激励着亿万人民去谱写更为壮丽的篇章。

不过，陈景润仍是如以往一样，终日伏案操劳，他仍在数论之海中遨游，搏击风浪、云天。他要把哥德巴赫猜想中的（1+2）研究得更为完美，要向那更为诱人的（1+1）发起最后的冲击。

陈景润走进世纪伟人的目光里，世纪伟人也带着亲切的微笑，走进陈景润的生活中。

第六章

科学的春天

陈 景 润 传

我和邓小平同志握手啦

一九七八年春天，耐人品味而又令人荡气回肠。我们不得不由衷地敬佩邓小平这位伟大政治家的战略目光，他复出之后，一是旗帜鲜明地支持实践是检验真理唯一标准的大讨论，"莫道浮云能蔽日，我唤东风扫长天"，向禁锢全党全国人民思想的"两个凡是"发出强有力的挑战，为解放思想扫清道路；二是亲自领导了科学教育文化领域的拨乱反正，引领中华人民共和国进入又一个群星灿烂的"科学的春天"。

三月十八日，全国科学大会在北京人民大会堂隆重开幕。陈景润应邀出席大会。

盛况空前。劫后余生的中国科学界的群英，重新汇聚一起，他们中的不少人还来不及抚平心灵和肉体的创伤，便匆匆消融在春光万顷的百花园中。

陈景润第一次看到邓小平，他兴奋得像个孩子，目不转睛地注视着主席台上那熟悉的面孔，聚精会神地聆听开幕式上邓小平激动人心的讲话。阵阵掌声如浪涛，直落心田深处。陈景润一直在寻思，邓小平的话几乎把他多年来心里想说的全讲出来了，入情入理，入耳入心。北京余寒未尽，但期盼已久的春天，真的来了。

长期以来，陈景润久居陋室，他深深地钟爱数学，钟爱自然科学中被誉为皇后的精灵，为此，不知遭受多少的磨难和屈辱。当听到邓小平在报告中说"大量的历史事实已经说明：理论研究一旦获得重大突破，迟早会给生产和技术带来极其巨大的进步"，他高兴得拼命鼓掌。那张平日总是苍白的脸，漾着绯红。他研究的经典数论中包括哥德巴赫猜想等一系列理论难题，得到邓小平的高度肯定，还有什么能比自己的劳动得到党和国家领导人的充分肯定更为高兴的事呢?

陈景润当然无法更深入地了解此时邓小平对中国前途和命运的深沉思索。

一九七六年十月,党中央一举粉碎"四人帮",全党全国人民扬眉吐气,欢声雷动,欣喜若狂的人们居然把北京城里所有的酒都喝光,象征"四人帮"的螃蟹也被一抢而空。陈景润也跟着高兴了好几天,但人们不久就发现,现实并非如想象的那样坦坦荡荡,主持党中央工作的领导人坚持"两个凡是",造成两年徘徊的被动局面。历史的进程总是伴随着激烈曲折的斗争,拨乱反正之风首先在科技文化教育部门揭开雄奇壮阔的一幕。

邓小平在论述"四个现代化,关键是科学技术的现代化"的问题之后,话锋一转,亲切地询问:"怎么看待科学研究这种脑力劳动?科学技术正在成为越来越重要的生产力,那么,从事科学技术工作的人是不是劳动者呢?"

恰似峰回路转,陈景润的思绪,悄然捕捉着回荡在会场上那带着浓重四川口音的每一句话语,拾取阳光、雨露,也拾取了那飘逸怡人的春风、花絮。

"他们的绝大多数已经是工人阶级和劳动人民自己的知识分子,因此也可以说,已经是工人阶级自己的一部分。他们与体力劳动者的区别,只是社会分工的不同。"邓小平同志对中国知识分子的科学的评价,激起几千名与会代表的强烈共鸣。陈景润举目看去,人们都在纵情鼓掌,脸上洋溢着无限的欣喜。屋顶上那群星似的灯光,闪烁着令人激越的异彩。陈景润扪心自问,我也是工人阶级的一分子么?多年来,他一直回避着这个问题。在他的印记中,政治仿佛就是整人,他处处躲避,但总如故乡福州的一句俗话"躲过了初一,躲不过十五",被整了多少次,已经记不清了。现在邓小平同志庄严宣布"知识分子是工人阶级的一部分",长期无端强加在头上的"紧箍咒"被解除了。

时间流逝四十多年,世界进入以信息技术革命为标志的后现代工业时代,科学技术,尤其是高新科技的高低,成为衡量国家或地区真正的实力乃至前途的时候,重温邓小平同志的这个讲话,依然感到暖意盈怀,它是气势磅礴的解放知识分子的宣言,它是呼唤新时代曙光的旗帜。科学技术,这一关系民族命运和生存的严肃领域，从来没有得到如此完整、系统的阐述，从来没有如此庄严地列入党和国家的重要议程。

陈景润觉得邓小平同志有一段话仿佛是专门为他和类似命运的知识分子洗刷耻辱的："'四人帮'胡说'知识越多越反动'，鼓吹'宁要没有文化的劳动者'，把既无知又反动的交白卷的小丑捧为'红专'典型，把孜孜不倦，刻苦钻研，为祖国的科学技术作出贡献的好同志诬蔑为'白专'典型，这种是非关系、敌我关系颠倒，一度在人们的思想上造成很大的混乱。"

什么是"白专"，什么是"又红又专"，这是被"四人帮"搅成一团乱麻的问题。陈景润一直被无端地诬蔑为"白专典型"，有一段时间，甚至被剥夺从事业务的权利，痛定思痛，感慨不已。最困难的时候，是毛泽东、周恩来、邓小平等党中央领导人支持他，给他撑腰。对于这个问题，终于被邓小平解开了："一个人，如果爱我们社会主义祖国，自觉自愿地为社会主义服务，为工农兵服务，应该说这就表示他初步确立了无产阶级世界观，按政治标准来说，就不能说他是白，而应该说是红了。"邓小平话音刚落，一片排山倒海似的掌声，顷刻便回荡在春天的爽朗笑声里。

从来都没有像今天这样畅快淋漓，从来都没有像今天这样心情舒朗。邓小平以势如破竹高屋建瓴的气魄，将凝聚在千千万万知识分子心头的乌云，扫荡殆尽，拭目四望，碧空如洗，万木争荣。正如郭沫若在全国科学大会上以"科学的春天"为题的书面发言中所描绘的："'日出江花红胜火，春来江水绿如蓝'，科学的春天已经大踏步地走来了，让我们张开手臂，去拥抱它吧！"陈景润虽然没有郭沫若那样的诗情敏捷，但他的感受，同样昂扬、振奋。

面对着数千名意气风发的科学工作者，侃侃而谈的邓小平也情不自禁地为之激动了，中国是有希望的。他诚恳地嘱咐在科研部门做党的工作的领导同志，要把科学研究工作搞上去，做好后勤保障工作，为科学技术人员创造必要的工作条件，并把它列为党委的工作内容。说到这里，这位世纪伟人提

陈景润（左一）在科学大会代表住地

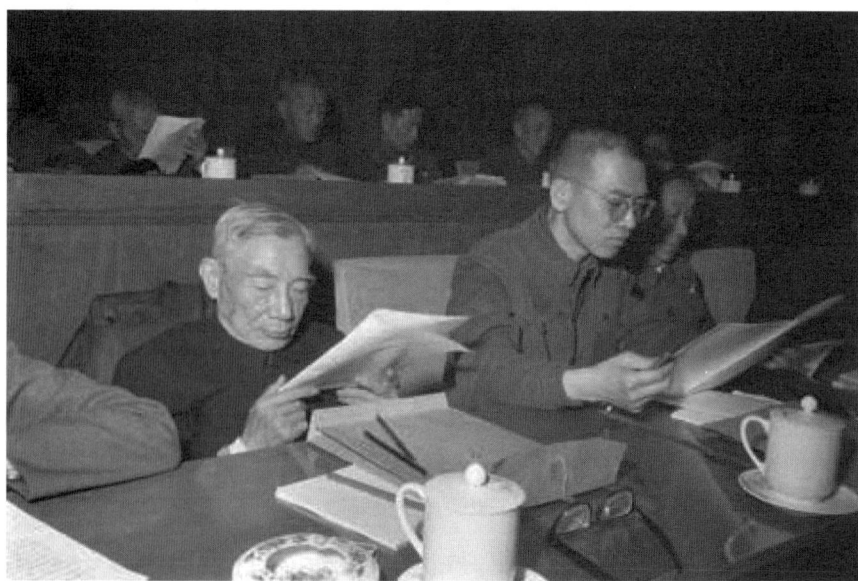
陈景润（前排中）参加全国科学大会

高了嗓门，真诚地说："我愿意当大家的后勤部长！"

　　这是呼唤科学春天的浩荡春风。

　　这是光照神州大地的明媚阳光。

　　这是催动百花盛开的一声惊雷。

　　这是牵动亿万人心的千古绝唱。

　　一个党的领袖，甘当科技人员的后勤部长，这种襟怀品格，令所有人潸然泪下，陈景润的眼眶湿润了，他是很少流泪的，这一回，流泪了。

　　报告结束以后，邓小平同志特地接见了一批做出突出贡献的科学家，陈景润幸运地厕身其中。

　　一代伟人向他走来，微笑着，向陈景润伸出那双扭转乾坤的手，千山肃立，万壑屏声。整个世界都注视这个极为难得的历史场景。

　　陈景润立即跨上一步，用双手紧紧地握住邓小平的手。温暖、有力，千言万语，尽在这无声一握之中。

　　他握住了巍巍昆仑，握住浩浩长江，握住雄风万里的长城！

　　陈景润孩子似的笑着，邓小平亲切地嘱咐他，要注意身体健康。告诉身边的工作人员，要尽量给陈景润创造更好的工作条件。语重心长，情真意切。这是科学大会上最动人的一幕。应当感谢摄影师，把这一瞬间化为历史的永恒。

　　"我和邓小平同志握手啦！"陈景润当天就把喜讯告诉数学所的所有同事，这是陈景润最为幸福、激动的一天。

徐迟走了，他走得太匆忙。

一位作家在《为徐迟送行》一文中这样写道：

> 别惊醒他，医生！
>
> 他已入梦。
>
> 他在世界上一直不停地走——一分钟以前，突然疲惫倒下了！
>
> 他在梦中还在继续跋涉——
>
> 他乘坐越野汽车，随同一些专家考察乌江流域，行进在崎岖的山道上；
>
> 他跨上了三峡悬索桥，在滚滚的激流上，把中堡岛搁在自己的心上，在那里留下深深的脚印；
>
> 南海油田，也在等待他，太平洋上辉煌壮丽的落日在迎接他。
>
> 他要赶路……

我们深深为中国文坛失去徐迟而痛惜。这位从延安宝塔山下走来的作家，从本质上看，他是激情洋溢想象奇伟的诗人，毛泽东曾亲笔为他题笔称赞"诗言志"，他的报告文学，大气、儒雅、浪漫，洋溢着浓郁的诗情画意。

他为我们留下的名篇《哥德巴赫猜想》，将永恒鲜活在不凋的史册里。

徐迟是全国科学大会召开的前夕，出现在中关村中国科学院数学所的。北京名人多，许多人第一次发现他——在那光线不大充足的食堂里，一位前额颇高，看去不乏壮实的陌生人，端着饭盒，正和大家一起排队买饭。徐迟耳朵不大好，带着助听器，脸上轮廓分明，眉毛颇浓，有点凹陷下去的眼睛，深藏着几许神

陈景润与徐迟

秘。听说是来写陈景润，多数人反映平平，因为，关于陈景润的新闻，实在
是太多了。也有个别人私下对徐迟讲，陈景润有什么好写的，老练的徐迟听
了，只是淡淡一笑。徐迟在北京的朋友多，他把每天听到的消息、情况，告
诉他的朋友，时常因而激动不已。曾经担任中国现代文学馆副馆长的周明，
当时是《人民文学》的副主编，徐迟写的关于陈景润的报告文学，已确定在
这家权威刊物上发表，徐迟和周明交情甚厚，周明回忆起这段难忘的岁月，
仍然感慨不尽，他说道："徐迟被陈景润征服了。说着说着，便妙语连珠，情
不自已，我当时就预感到，徐迟奉送给读者的，将是一篇引起轰动效应的力
作。"后来的事实比原来想象的更为精彩。

　　了解陈景润难，采访陈景润也不容易。陈景润第一次见到徐迟这样的大
作家，他有点拘谨，不知该谈什么。当时，拨乱反正还刚刚开始，"文革"的
历史还没有恢复其本来的面目。陈景润最为内行的是数学，他谈着谈着，便
忘记了徐迟是文人，不懂数学，居然搬出草稿纸，将哥德巴赫猜想的一些基
本原理，演算给徐迟看，一个个陌生的符号、公式，在这位诗人面前跳动。

好一个徐迟，并不在意，他善于驰骋想象，"天山的雪莲""抽象思维的牡丹""飘逸的仙鹤""玉羽雪白，雪白得不沾一点尘土；而鹤顶鲜红，而且鹤眼也是鲜红的"，一串串美丽动人的意象在眼前摇曳。陈景润和徐迟，一个在数学的抽象王国中拭目巡视，一个在文学的形象世界里纵情神游，两人相得益彰。

许多次，徐迟耐心地端坐在陈景润面前，细细地打量着这位数学奇人：清瘦，清癯，眉眼间洋溢着俊逸之气，戴上眼镜，显得更像书生。并非如传说中的那么怪，也不像人们议论中的那么迂和傻。他佩服陈景润的记忆力，谈起当年在英华中学就读，第一次听沈元教授讲哥德巴赫猜想，陈景润描绘得栩栩如生，毫不语塞，语言流畅，且不乏情感色彩。论起数学、数论，更是如兵家指点沙场，颇有撒豆成兵的奇妙。他的思维轨迹，依稀有神秘的电磁感应，错综复杂，只需一接通，便满目异彩纷呈，倘若搭错了，便上句连不了下句。陈景润的人生便是一首意象出奇甚至有点诡异的诗，清晰而朦胧、瑰丽、峭拔。在诗坛跋涉数十年的徐迟，细心地揣摩着他心中的意象。

《哥德巴赫猜想》发表以后，一时洛阳纸贵。当然，也有人指出美中不足，主要是某些细节。公正地评价，徐迟对陈景润境遇的观察，是真实而细微的，特别是对陈景润那间六平方米住房的描绘："六平方米的小屋，竟然空如旷野。一捆捆的稿纸从屋角两只麻袋中探头探脑地露出脸来。只有四叶暖气片的暖气上放着一只饭盒，一堆药瓶，两只暖瓶，连一只矮凳子也没有。"这是完全真实的。不必讳言，为了表现陈景润痴迷科学，徐迟写陈景润撞到树上，反而说树怎么撞到了我，这种带有夸张的细节，的确是诗人的一种想象，或者，是采访中道听途说所致。在文章发表之前，陈景润没有看到全文，文章发表之后，他看到某些细节失真，惶恐不安，不知怎么办好。行如云鹤的徐迟，在文章发表以后，也没有和陈景润再联系。结果，陈景润只好保持沉默。然而，这些瑕疵，并不影响徐迟这篇黄钟大吕般杰作的功绩。从文学史来看，《哥德巴赫猜想》是新时期报告文学的开山和奠基之作。它将和夏衍

《包身工》、宋之的《一九三六年春在太原》一样，永存史册。

徐迟在数学所采访期间，给他帮助很大的是当时的党支部书记李尚杰。这位来自解放战争第二野战军的党的基层干部，质朴而真挚，他一直关心爱护着陈景润，在陈景润病重直到去世，一直守在陈景润的身旁。他也是陈景润信任和要好的朋友，他为徐迟提供了大量的关于陈景润的真实材料，使这位诗人得以比较全面了解这位数学奇才。初稿完成时，徐迟曾经充满激情地给李尚杰朗读，念到动情处，徐迟声音哽咽。念完稿子，李尚杰说道："太好了！太感人了！"情不自禁地为之流泪。

《哥德巴赫猜想》凝聚了徐迟满腔的激情，他第一个向全国读者报告陈景润冲击哥德巴赫猜想这一世界数论名题的史诗式的事迹，活灵活现地勾画陈景润献身科学的形象，在全国人民，尤其是青年一代中引起强烈的共鸣，陈景润因而走进人民的心中，成为一代人学习的楷模。"学习陈景润，为实现四个现代化攀登科学高峰"，成为亿万青年的心声，它产生的激励和鼓舞作用，是不可估量的。

徐迟是一个诗人，他的《哥德巴赫猜想》洋溢着浩浩荡荡如江河横溢的诗情，堪称雄奇壮阔的丰碑式的作品，或许是采访的时间过于仓促，徐迟在数学所仅一个多星期，或许，是诗人过分痴迷于想象的伟力，或许，是徐迟坚持他昔日的错误主张：报告文学在坚持基本事实属实的情况下，可以容许在细节上进行虚构，因此，在陈景润这一人物的定位上，徐迟的界定是：数学上是巨人，生活上是傻子。实际的陈景润，数学上是巨人，其他方面都是孩子。人物定位上的某些失之偏颇，在当时的时代背景下，是不可苛求于值得人们永远尊敬和怀念的徐迟的。

陈景润和徐迟，科学界和文学界的双璧。"君子之交淡如水"，他们的情谊，将伴着《哥德巴赫猜想》一文的风采，装点着祖国大踏步向四个现代化进军壮阔的风景线。

《哥德巴赫猜想》一文的发表，恰好借全国科学大会的浩荡春风，神州尽说陈景润，成为举国一大盛景。"陈景润旋风"，迅速扫尽"四人帮"强加在知识分子头上的诬蔑之词，中国的科学家以令世人刮目相看的崭新姿态，出现在迅速崛起的中华大地上。

旋风的中心却是平静的。荣誉、地位、名利，伴随着鲜花、掌声一起向他涌来的时候，陈景润表现出非凡的冷静。在这些世俗所瞩目的领域，他，恰似不谙世事的孩子，只有偶尔带着惊奇的目光，打量着繁花一样的特殊世界。

每天，都有雪片一般的信件，从四面八方飞来，多数是慰问信，其中，不乏姑娘的求爱信。不少好心人才发现，陈景润已经四十多岁了，应当有个家了。尤其是要好的同事、同学，更是希望盛名之下的陈景润，找个好伴侣，于是，极力劝说他考虑这一重要的人生问题。陈景润仍是按照老习惯，笑吟吟地给你鞠个躬，或者敬个礼，连声地说"谢谢，谢谢"，然后转身就走。以至有个别人产生狐疑：这个陈景润，莫非是有什么生理障碍么？他并不当一回事。每天仍是出没在图书馆，或者，一头钻进那间六平方米的小屋。出于好奇的人们，看了徐迟的报告文学，特地到数学所来看他，尤其是记者，更是络绎不绝，真亏了好心书记李尚杰，为了不至于过分干扰陈景润，能挡驾的他尽量挡了，有时，没有办法，只好让人们去看陈景润那间"刀把形"的房间。一架单人床，四片暖气片，靠墙一张小方桌，屋子里，最多的是草稿纸，如此而已。

陈景润的全部心思，仍然扑在哥德巴赫猜想上，他要进一步完善（1+2）。外行人不甚清楚，一直猜测，陈景润为什么不用电子计算机，数论的研究，有些地方确实可以用电子计算机，有不少地方，却完全须靠人工的逻辑推理。这道世界难题，瑰丽无比之处，即在这里，它要求数学家充分展示思维的才智，去发现、探索数论天地的奇妙和神秘。陈景润的思维与众不同，越是出名，他越觉得自己肩上的担子重，仿佛有无数的目光在注视他，那是焦虑的渴望和殷殷期盼，那朝思暮想的数论皇冠上的明珠，哥德巴赫猜想中的（1+1），恰似兀立云天的神秘的珠穆朗玛峰巅，无限风光，时时都在呼唤他。他一直盼望能亲手攻克（1+1），完成几代数学家的夙愿。

尽管人们时时关注着他的健康，他已经多次住院治疗，身体较之于过去，已经好多了，但他仍是怕冷。九月，北京尚是金秋，有人还穿衬衫，他还是离不开那件褪了色的松松垮垮的蓝色面料的棉大衣。习惯难改，他仍是喜欢把双手套在袖筒里。戴着那顶有护耳的布棉帽。名人陈景润的气质、模样，和以前并没有太多的变化，只是那张总带着孩子气的脸，少了些忧郁，更多的是开朗。偶尔，人们也会发现陈景润一边走，一边看信，有时，会独自发出笑声，熟悉的人们会情不自禁地问："是姑娘的求爱信么？"

陈景润那张有点苍白的脸，忽地红了，他还羞涩呢？

他笑了，笑得像个孩子。手上握着的恰好是张姑娘的照片。如花如月的陌生姑娘，正把最美的娇容，展示给陈景润。奇怪，陈景润就是不动心。

他从不把这些姑娘柔情依依的求爱信给其他人看，包括很要好的朋友。他感谢这些纯洁的姑娘的一片芳心，一片崇高的信任。他把这些信细心地封存起来，藏在一个不易被人发现的地方。陈景润的爱情大门紧紧地关着，是珍惜着那美丽的初恋，还是一腔思绪，全让那些数学公式、定理占领了，以至丘比特的神箭也无法射进这位数学家的神奇领地。

今非昔比了，当年被人歧视、冷落的陈景润，已是荣誉等身，但每逢数学所、中科院评先进、评奖，他总是坐在一角，默不作声，听到有人提到他的名字，他立即站起来，给你敬个礼，连声地说："谢谢，谢谢！我就免了，免了——"说完，真诚地看大家一眼，目光里流露出恳求之情。在荣誉面前，他从来不去争，而且虔诚地让给其他人。

当然陈景润有时也会开开玩笑，全国第二届国家自然科学奖，这是自然科学最高的奖项，我国数学界有特殊贡献的陈景润、王元、潘承洞，还有杨乐和张广厚，都被提名了。陈景润笑着："还有维诺格拉多夫!"引起大家一片开怀的笑声。陈景润、王元、潘承洞获一等奖。杨乐、张广厚获二等奖。

参加交流活动的陈景润（中）

陈景润的研究员职称，是八十年代评的。他始终没把此事挂在心上。按照水平，他的每一篇论文，都是够研究员档次的。真应当感谢研究所的有关工作人员，在填表、申报、送审等许多关键性的环节，都给陈景润提供了极大的帮助，许多方面代劳了。陈景润从心里感激他们。他仿佛有一种预感，时间对于他，实在是太珍贵了，正如鲁迅先生所感受的"要赶快做"。人们发现，他仍是那么匆忙，走路时，低着头，急急地赶路。他的生活仍像以前一样简朴——几个馒头，一点咸菜，便可以了却一餐。有段时间，陈景润的亲戚以为他出名了，经济必定不错，偶尔，也会来信请求支援。

当名人并非易事。各种应酬，往往应接不暇，能够推辞的，他尽量推辞，但有两方面的内容，陈景润是很乐意前往的，一是给北京的中小学生开讲座，他喜欢孩子的天真、纯洁，更寄希望于他们。只要时间允许，他一定应约。他的讲座是很认真的，既讲数学，也讲祖国对青少年的期望，别看他平时不善言辞，但一到孩子们中间，他就变得年轻活泼，说话也朗朗上口，难怪北京的不少学生和老师对徐迟的《哥德巴赫猜想》略有微词，认为陈景润一点也不怪，也不傻，说的话句句在理，原因便在这里。二是接受故乡、母校的邀请，参加各种各样的校友会和校友活动，只要健康状况允许，他总是热情地前去参加。母校厦大不必说了。当年就读的英华中学邀请他去，他也欣然前往，作热情洋溢的讲话。不甚出名的三明一中，是陈景润念初中的地方，当时，陈景润才十三岁。三明一中的校长吴锦裕上北京看他，陈景润热情接待，高兴地合影留念，给三明一中题辞"祝母校欣欣向荣"。接到一些以青少年为读者对象的约稿，他同样认真撰写稿件。他写的《回忆我的中学时代》一文，把他读初二的成绩都一一写出来，成了今天我们研究、了解陈景润极为珍贵的史料。

代 数 99	国 文 92	英 文 89
几 何 83	化 学 88	历 史 83
地 理 85	图 画 85	音 乐 85
体 育 80	生理卫生 82	劳 作 75

陈景润自己在文章中写道："我能唱能跳，天真活泼，瞧，音乐85，体育80！"他不愧是品学兼优的学生。他的代数99分，尚在初二，已是初露头角了。

盛名之下的陈景润，毫无名人派头。清清白白地做人，认认真真地攻关。他是一棵质朴无华的大树。

一九七九年一月，北京国际机场。

正是严冬。树叶落尽了。挺拔伟岸的桦树，默默地酝酿着春天的抒情诗。雪，纷纷扬扬地下着，漫天一片柔和的洁白。

候机室还是暖和的。值班的边防武警正在一丝不苟地检查出国人员的证件。

"你，你是陈景润？"庄严的帽徽下，一双惊奇的眼睛细细地打量着站在面前的陌生旅客：他外面套着一件破旧的蓝色大衣，里面却是崭新的笔挺的西装；头上戴着护耳的旧棉帽，而脚下的皮鞋，却锃亮照人。如此这般打扮，实在太不和谐了。

"对，我是陈景润。"陈景润脸上浮上谦恭的笑意，忙向边防武警解释。威严的军人笑了，礼貌地点了点头，放陈景润过关。

陈景润应美国新泽西州普林斯顿高等研究院院长沃尔夫博士的盛情邀请，首次出访美国。他没穿过西装，这一回出国，经过领导说服，才穿上时髦高贵的礼服。他不会系领带，开始也不系，经同行人员的解释，才终于让人替他打上领带。数学所弄了一部老式吉普车送他上机场。同行的还有我国著名的数学家吴文俊夫妇和翻译朱世学同志。临出门前，天就飘雪了，他怕冷，于是，西装外面套了他那件宝贝棉衣，头上戴了那顶护耳棉帽，弄得颇为滑稽。他在穿着方面是向来不顾别人目光的，就是去美国出访也是如此。同行了解他，心想，反正还在国内，到了美国再给陈景润打扮吧，于是，就出现前面那个戏剧性的场景。

第一次走出国门，一切是那么新鲜，那么令人振奋！中国共产党第十一届三中全会刚刚结束不久，这是第二次"遵义会议"，是中国历史上具有划时代意义的伟大转折。它重新确立解放思想、实事求是、实践是检验真理的唯一标准的思想路线，严肃地批判"两个凡是"的错误方针；极有远见地要求基本结束全国范围内揭批"四人帮"的运动，果断地停止使用"以阶级斗争为纲"和"无产阶级专政下继续革命"的口号，立即把全党工作的重点转移到社会主义现代化建设的轨道上来，这就是以经济建设为中心的政治路线。从此，中国结束两年徘徊的局面。改革开放的华夏大地，全面腾飞。幸运的陈景润，正是乘涌动于全国的澎湃春潮，飞向美国的。

多情的美国朋友密切关注中国的变化，他们狂放地伸出手臂，热情拥抱来自神秘东方的数学家们，陈景润在哥德巴赫猜想攻关方面的杰出贡献，更是令他们赞叹不已。他们特地给陈景润安排了一套三室一厅的住房，里面铺着灰色的地毯，简朴，大方，透过宽敞明亮的玻璃大窗，一眼就可以看到一片绿漾漾的针叶林。

普林斯顿当年是美国南北战争时期的古战场。烽烟早已散尽。占地两点五平方公里，成为世界闻名的学术研究中心。聪明的山姆大叔，全球意识向来十分强烈，他们本国的科学家并没有那么多，但懂得利用雄厚的经济实力，聘请世界各国著名的科学家到美国从事研究。因此，一批常住教授在这片风景优美的地方，正从事着神圣的工作。

陈景润应邀到这里来从事研究，没有教学任务。然而，他的到来，仍引起不少轰动。美国的《纽约时报》很快刊登陈景润到美国的消息，登了一幅他的照片。普林斯顿大学立即邀请陈景润去做学术报告。

一身西装，且纤尘不染，头发新理过，淡淡地烫了烫，领带是同行的朱世学替他系上的，皮鞋也是新擦过的，第一次走上国际学术讲台的陈景润，容光焕发，潇洒动人。闻讯而来的学者、专家把教室挤得水泄不通。不少人看到报纸上刊登的消息后，驾车从上百公里以外的地方专程赶来。陈景润苦学英语几十年，这一回派上大用场，他用英语讲演，游刃有余，侃侃而谈。韵味绵长，那精深博识的内容，使所有的到会者如痴如醉。浪漫的美国人没有一个人提早退场，他们用最热烈的掌声表示崇高的敬意。

演讲十分成功。陈景润在美国的工作，主要是从事研究工作。这里藏书极为丰富，世界各地的数学研究的资料、信息，更是让行家们为之倾倒，通晓英语的陈景润犹如进入神话中的"太阳岛"，发现遍地皆是珍奇，他恨不得把每一分钟的时间都留住，用于学习和研究。

痴心不改。他很快就恢复到国内那种痴迷数学的境界。美国风光，诱惑着多少为之神往的人们，而到了美国的陈景润，什么地方都不去游玩，整天就是泡在书房、办公室、图书馆中。

他的伙食很特别：牛奶煮面条再加上鸡蛋。简单，快捷，而又营养丰富，为的是节省宝贵的时间。开始，几个人曾商议一起做饭吃，陈景润怕麻烦别人，一个人单独做，单独吃，大家理解他，只好由他去。

从驻地乘半个小时的车，就是超级市场，有班车前往。陈景润买了一大桶的牛奶，整箱面条，还有鸡蛋，几乎成天吃他的"陈氏传统饭"。

人一忙，他就忘了仪表打扮了。西装是常穿的，但往往不系领带，他嫌系领带麻烦。皮鞋很久没擦了，他不擦，也轻易不让别人给他擦。随行的朱世学时时照顾他，他往往极礼貌地鞠个躬，说"谢谢老朱，谢谢老朱"，转身就走，生怕被老朱抓住整容。他懂得要保持中国人的尊严，那件破棉衣，却是从来不曾穿过；旧棉帽，也藏起来了。

常有驻普林斯顿高等研究院的外国专家慕名前来拜访，这些人被称为"终身教授"，有时也约陈景润出去散步，这是最为惬意的时刻。一般是在傍晚。夕阳西下，满地铺金。按老习惯，陈景润要听收音机，收听英语广播，几十年如一日，雷打不动。一边和外国朋友散步、闲谈，一边听收音机，别有风味。陈景润懂礼节，也会去回访这些学者，送点画册之类的小礼物作为纪念。科学是没有国界的，善于吸收别人先进的东西，自己才会有更大的进步。

偶有闲暇，远在异国，陈景润也有莫名的思乡之情浮上心头。此时，同行人们才发现陈景润的心细之处。出国时，他把相册带出来了，一张照片，

沈元与陈景润在普林斯顿

便是岁月瞬间的永恒。他一人独处，常细细地看那些照片，是想起那些铭刻心中的往事，还是思念在另一个半球的亲人和朋友呢？

这是陈景润一生最为惬意的时节，在美国放牧闲暇，也放飞那念念不忘的攻克哥德巴赫猜想（1+1）的壮志。陈景润去美国，国内有人谣传，他不回来了。实际上，这位数学家是祖国忠诚的赤子。在新泽西州普林斯顿高等研究院研究了四个月之后，陈景润飞回北京。

首次出访美国，时间虽短，但他还是完成论文《算术级中的最小素数》，把最小的素数从原来的80推进到16，这一研究成果，在当时是世界上最前列的。陈景润不愧是个锐意的攻关者。

走时漫天飞雪，回来已是柳绿花红。中外记者闻讯到机场去采访回国的陈景润。身穿整齐西装的陈景润，满面笑容，脸上洋溢着青春的绯红，他向记者宣布：把在美国做研究工作所节省下来的七千五百美元，全部捐献给国家。

在美国期间，研究所每月给他出的出访报酬是两千六百美元，当时应是比较丰厚的。陈景润十分节俭，从来不去餐厅用餐，吃自己买的食品包括水果，除去房租、水电等，只花去一千八百美元，且含伙食费七百美元，因此，节省下七千五百美元，在当时可不是一个小数目。它凝聚着陈景润的一腔心血和满腹的艰辛，更凝聚着陈景润对祖国的赤子之情。记者们当时或许并不清楚，它是陈景润靠吃"陈氏传统饭"节省下来的呢！

当时，不少出国人员都会带点国外的高档家用电器回来，陈景润什么都没买。他向来是认真的，回到数学所，他就把一本存折交给领导。钱存在美国的花旗银行，活期，随时可以取用。他，把一颗赤诚之心交给祖国了。

第七章

玫瑰色

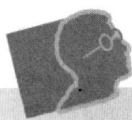

陈 景 润 传

缘分

爱情，是人世间珍贵的缘分。当具有传奇色彩的爱情世界，出现在具有传奇色彩的数学巨人身上的时候，便留下永远耐人寻味的人间佳话。

全国科学大会结束以后，邓小平同志关心陈景润的健康，嘱咐有关部门替陈景润做一次全面的检查。长期超负荷的研究，陈景润得了多种疾病，身体状况不大好，住进了北京解放军三〇九医院高干病房。

其时，徐迟的报告文学《哥德巴赫猜想》，已把陈景润炒得家喻户晓。陈景润的到来，受到这家部队医院的盛情接待。医生、护士们出于崇敬和好奇，都争相一睹陈景润的丰采。他长得并不出众，尽管已是声名远扬，仍然留着小平头，个子稍小，只有一米六八左右。一副孩子气很足的娃娃脸，苍白，带着明显的病容，目光却是真诚和善的。看见那么多人围过来，不善言辞的他，仿佛还有些腼腆，只是连声地说："谢谢，谢谢！"

一九七七年十一月，从武汉军区派到三〇九医院进修的由昆，并不是第一批涌去看陈景润的。同事们看到陈景润，回来嘻嘻哈哈说个不停："名人，原来是这个样子的。"出于好奇，由昆拉了一个伙伴，一起去看陈景润。

这真是一份奇缘！年近半百的陈景润见到由昆，眼睛一亮，主动地和由昆打招呼，亲切地请她们坐下。素来口讷的他，话也多了。令许多人为之入迷的爱情第一印象，正如古人所说的一见钟情，居然神奇地把陈景润紧锁了几十年的爱情大门催开了。后来，由昆被分配到陈景润住的病房当值班医生，接触的机会多了。每次由昆一出现，陈景润就显得特别高兴。有一天，他关切地问由昆，家住哪里，有没有成家，有没有男朋友？性格爽朗的由昆，毫不设防，她想也没想，便心直口快地回答："没有，没有，还早着呢！"

他们慢慢地熟悉了。高干病房实行包餐制，饭菜品种很丰富，但陈景润总是点一碗面条加两个鸡蛋，由昆觉得奇怪，就问道："你怎么那么爱吃面条呢？"陈景润回答："面条好，吃得快，好消化。"说完，反问由昆一句："你喜欢么？"由昆回答："我爱吃大米。"

过了一会，她听见陈景润自言自语地说："我吃面，你吃米，正好！"当时，北方缺大米。北京的大米是按定量配给的，陈景润说得很认真，仿佛是经过深思熟虑之后，才得出的一个结论。

由昆心里一动，思忖着：我吃米和你吃面有什么关系？这个陈景润真有点怪。单纯质朴的女军人的思维逻辑，毕竟没有数学家那样严密，她哪里想到，这便是陈景润第一次抛出的探空气球呢？

由昆爱学习。每次查房之后，有一段空闲时间，她便坐在病房的阳台上自学英语。陈景润的英语很不错，主要靠自学。他随身总是带一台小收音机，连住院也不例外，每天坚持收听英语广播，已成为他生活中不可缺少的内容。是由昆轻声朗读英语的声音叩动了他的心弦，还是窗外那轻盈动人的倩影令他心旌摇动？他穿着条纹疗养服，不声不响地走到由昆的身旁。

人们皆以为陈景润只痴迷于数学，对其他方面一窍不通，尤其是他面对如雪片般飞来的求爱信，犹如铁石心肠的人一样，不动声色，这种看法仿佛更是不容置疑。实际上并非如此，一个心气太高的人往往容易遭到别人的误解。陈景润并非不食人间烟火的神仙。

他同样有七情六欲。不同于一般人的是，他不乏痴心追求者的心计和谋略，驰骋数学王国的他，懂得按照数学的运算规律，一步一步地把他的意中人引入已经设好的方程式中。

他不动声色地询问由昆学习英语的情况，偶尔，也用熟练的英语和由昆交谈几句，简单而韵味悠长的对话，便使由昆产生很大的兴趣。过了一会，陈景润告诉由昆，英语是要天天学的，只要一天不学，就会生疏甚至淡忘，他和善诚恳地提出："我们一起学英语吧！"

敏感的由昆，仿佛感觉到什么，作为姑娘，有一种发自本能的自尊和保护意识，她立即一口回绝。她急促地说："不行，不行。医院有规定，不准打扰病人，我还是一个人学。"说完，拔腿就想走。

陈景润并不着急："这怎么叫打扰呢？反正我也是要学的。"说完，又自言自语地说："两个人一起学，比一个人好。"

此后，看见由昆一个人在阳台上学英语，陈景润就会从病房里踱出来，搬张椅子，坐在由昆身旁，和她一起学习。天气不好时，他就邀由昆在病房中一起读上几段。陈景润记忆力极好，态度和蔼，有问必答，并且讲解十分详尽。丝毫没有戒心的由昆，为意外得到这样一个高水平的指导老师而高兴。在由昆的心目中，陈景润是她的师辈，尊敬有加，其他，尤其是关于爱情，那是她还没有启开的神秘圣地，她从来没有想过。

当然，姑娘的心是敏感的，和陈景润接触多了，不乏聪慧的由昆偶尔也会从陈景润那双炽热的目光中读出难以言传的内容，爱情的密电码是不以年龄为鸿沟的。但她很快又自我否认，陈景润是举世闻名的大数学家，无论是年龄、学识，还是性格、气质，都不具备这种可能。于是，她一如既往，一方面尽医生的天职，细心周到地关心陈景润的健康；一方面老老实实地当学生，向陈景润学英语。

陈景润一边住院，一边仍在钻研他的数学。艰难竭蹶的跋涉之旅，只要看到由昆那婷婷身影和明丽大方的笑容，他就感到莫大的欣慰。有了她，他那荆棘丛生举步皆是险恶冰川的摘取数学皇冠明珠的征途，处处洋溢着七彩的光辉；有了她，他那举目均是白色的单调得近乎平庸的病房生活，时时闪烁着鲜花一样明媚春光一样五彩缤纷的神韵。爱情，迟到的爱情，同样把我们可爱的数学家弄得神魂颠倒，这真是挡不住的诱惑。

他一次次地细细打量由昆，眉清目秀，落落大方，高高的身子，匀称的身段，姑娘的单纯和军人的刚健、成熟，如此和谐地幻出一个美丽绝伦的精灵。仿佛，他苦苦寻觅了数十年，踏尽千山万壑，才寻觅到意中人。越看越觉得可爱，越看心里越急。该怎样向她表白自己的心迹呢？几十年来，为了数学，他近乎无情并近乎残酷地紧紧关上爱情的窗户，而今，命运之神怜悯他，钟爱他，为他送来满目缤纷的花季。令人晕眩的幸福，突然而至，他不知怎么办才好。平时，他很少和人来往，更从不看电影、小说，丘比特的神箭射中他，却没有给他暗示任何求爱的途径和方式。

"巧笑倩兮，美目盼兮"，那些把陈景润视为"怪"和"傻"的人们，实在是大错特错。坠入情网的数学奇才，同样有热恋者相思的苦恼和焦虑，他那丰富细腻的爱情世界，虽不像才子佳人式的缠绵，但并不乏曲折摇曳的戏剧色彩。

突然袭击

陈景润冥思苦想，终不得要领。爱，本身就是一种神奇的力量，它，终于轻易而浪漫地越过数学家如钢铁般的逻辑范畴。任何固定的模式和机械的仿效，都显得苍白无力。

这一天，由昆同往常一样，正专心致志地和陈景润一起学英语，她觉得今天有点不大寻常，面前这位先生总是局促不安，莫名的预感，倏地闪过心头。毕竟是军人，立即撤退，她暗下决心，拔腿就走，但时已晚了，陈景润抢先一步，喊住了她："我……我有一件事……"陈景润满脸通红，结结巴巴，憋了许久，好不容易从心坎里挤出，但一出口，就被卡在喉咙里。

聪明的由昆已经预感到他要说什么，仿佛，面对一场突兀而至的突然袭击，她惊慌失措，不知怎么办才好。绿色军营，军纪森严如铁，对于爱情，她从来不敢越雷池一步。多情的月老，怎么会把她和陈景润牵到一起的呢？

她本能地想走，但看到陈景润那孩子般焦急无助的模样，善良的由昆两腿怎么也迈不开去。

"我想……我们要是永远在一起就好了。"陈景润几乎用尽当年攻克哥德巴赫猜想（1+2）的所有力量，才把这句最重要、最关键的话挤出心头。话语很轻，说完，仿佛是一个做错事的孩子，等待着一场暴风骤雨。

当证明自己的感觉已经化为真正的现实时，由昆恰似被逼到了悬崖上，无路可退，此时，她才真正地慌了。

迅雷不及掩耳，事情的发展，委实太突然了。

"这不可能，不可能的。我脾气很不好，很不好的。"心慌意乱的由昆，一直说着自己的不是。"我们不能在一起的，在一起，准会吵架……"

不知该用什么语言，才能筑成一道防线，抵御这位数学巨星赤裸裸的正面进攻。此时，她才感到自己是那么地无力，平时那一副泼辣劲儿不知道往何处去了。

"你要吵架，我不吵，就吵不起来了。"陈景润抓住由昆一句话的漏洞。

"不可能，反正是不可能的。"由昆低首垂眉，仍是一口拒绝。

或许，是怜悯由昆那一副被动无奈的神态，或许，是后悔自己的唐突，给心上人造成伤害，陈景润忧伤地说："我知道自己年纪大了，身体又不好，你不同意，我尊重你的意见，只是除了你，我这一辈子也不谈恋爱，更不结婚了。"

不是信誓旦旦，但比海誓山盟具有更大的撼动心灵的伟力！由昆心里一动，陈景润的话使她感到心疼。她崇敬陈景润，十分同情他不幸的遭遇和命运。一种从未感受到的激动，如大海涌来的波涛，漫过心田。她惶惑而深情地看了陈景润一眼，才慢慢地走出病房。

好人多助。陈景润万万没有想到，关键时刻，一位颇有远见卓识的老军人助了他一臂之力，为这个爱情故事增添了更为深邃亮丽的色彩。

武汉，古老而现代的凤凰城，大气磅礴，云蒸霞蔚。万里长江滚滚东去。巍峨的黄鹤楼，像仪容端庄的历史老人，诉说着岁月的沧桑。

浓荫如泼的部队机关大院，一位老军人踏着斑斑的阳光，在读着来自北京的一封长信。他就是由昆的父亲，阅尽人生的坡坡坎坎，金戈铁马的军旅生涯，更是使他对人生、爱情有着比一般人更为深沉的思索。

他没有见过陈景润，但却十分敬重这位命运多舛的数学家。他一看到信，同样感到突然。他原先丝毫没有料到，陈景润会和他的掌上明珠产生爱情纠葛。他深深地爱着自己的女儿，也深知女儿的秉性。她从小就在军营中长大，活泼、任性、单纯、泼辣，追求上进，向往美好的未来。从女儿来信的字里行间，他知道由昆正处于莫名的惊慌和深深的苦恼之中。

他知道自己在女儿心中的位置，他的话，可谓一言九鼎。轻易地表态同意还是不同意，是难以尽意的。作为父亲，女儿是他的心头肉。他总是殷切地期望女儿的爱情能够美满幸福。和陈景润在一起，会幸福么？他反复地思忖着，盛名之下的陈景润并不乏追求者，但他却选择军人出身的由昆。老军人坚信：一个几乎把所有的青春甚至生命都献给科学的数学家，他对人生极为圣洁的爱情，选择同样严肃和认真。陈景润的求爱，完全是出自本意的深思熟虑，出自对由昆的信任、尊重、发自肺腑的真爱，这一切，是爱情坚固的基石。

　　作为慈祥的父亲，他不得不像女儿一样，考虑陈景润的健康、年龄。最美好的爱情，人生只有一次，况且，系着女儿漫长的一生。陈景润前半生经受过的伤害，实在是太多了。命运不公，从苦水甚至血水里蹚过来的科学家，已经很难承受任何心灵上的摧残和打击了。不知怎么一回事，在思忖这个严峻的问题时，这位老军人一直处处向着陈景润，护着陈景润。有时，他仿佛也看到女儿委屈的目光，带着泪花，怔怔地落在自己的身上。按常规和论女儿的条件，她完全可以找一个年龄、学识、家庭、性格都十分完美的英俊青年。和陈景润结合，意味着女儿那稚嫩的肩膀上，将要挑上不乏沉重的护理陈景润健康的重任，她能行吗？偶尔也有一丝犹豫，如阴影在心头闪过，但瞬间就烟消云散。他相信陈景润那如苦竹般顽强的生命力，更相信女儿的品格。爱情，不是相互索取，而是相互搀扶，共度人生，只有如此，平常的爱情，才会产生神奇的力量和甜美。

　　从来信中，他看到由昆对陈景润的深深理解和发自心灵深处的崇敬。拒绝陈景润，在当时并非难事，也不会受到任何非议，但在女儿心中，同样会留下深深的遗憾。从那带着慌乱的叙述中，他看到女儿对陈景润并非毫无爱意，而是心疼着他。爱情是一种缘分，一种无法用理论作过分冷静分析的机遇，拒绝陈景润，今后同样会在女儿心中留下深深的创伤。

　　这是一位多好的父亲！时过境迁，人们不得不佩服他精深的思索，崇高的境界；不得不赞叹他那宽广的胸怀和金子般珍贵的爱心。

　　踱进屋内，铺开纸，他给远在北京的女儿写回信了。洋洋洒洒十多页纸，他把女儿当作自己最熟悉最亲近的朋友，毫无保留地倾吐自己的心声。爱心如海，一派澄碧，拭尽尘俗，拭尽疑虑。信的末尾，他强调：陈景润是认真的，请你不要伤害他，思忖了一会，又补充了一句，也不要伤害你自己。

　　爱情的发展总不像人为设计的那么舒缓有致。鸿雁传书，这封信还来不及送到北京，这幕爱情，忽地高潮又起，演出了更为动人的一幕。

又一道『猜想』

由昆像一只受惊的小鸟，已经好几天不去跟陈景润学外语了。例行的查房，话也很少，量体温、血压，吩咐病人按时吃药，她庄重地履行着医生的天职。自从那次被陈景润"突然袭击"之后，一看到陈景润，她的心里就怦怦乱跳。初涉恋爱的姑娘，不安、焦躁、茫然，不知所措之心，久久难以平静。此地，虽然有她要好的同伴，但此事丝毫不能泄露，否则，肯定会酿成超级地震。人们会怎么看她呢——仰慕名人，借陈景润名扬天下，还是……她不敢想下去，也不愿想下去。于是，只好暂时保持沉默。她向父亲求教，求救，绿衣信使，怎么还不把父亲的回信送来呢？父亲是她的主心骨，她要凭他的信拿主意呵！

陈景润可是按捺不住了，整天惶惶不安，由昆是同意还是不同意，或是有什么心思呢？姑娘的心瞬息万变，爱情，同样是人生一道难以破译的"猜想"，缜密的逻辑推理并不能追踪那灵秀多姿的爱情之光。

一天查房之后，陈景润把由昆喊住了，问她："你怎么不来学外语了呢？"他焦虑地说，学外语是停不得的，要天天学才好。他是真诚的，谙熟数学分项原理的他，仿佛要把学外语和谈恋爱截然分开，他想起有些唐突的求爱，于是，诚恳地向由昆道歉，说道："是我不好，我会尊重你的意见，请原谅。谢谢，谢谢！"由昆见他似乎永远脱不尽的孩子似的天真，心肠反而软了。人的情感波澜真是难解的谜，有些时候的突兀变化，往往就在极为短促的一念之中。不知是怎么一回事，由昆居然会把一个重大的"军事机密"透露给陈景润："我已经给远在武汉的父亲写了信，征求他的意见。"

半空中突然落下一个绣球，一支人间最美丽的乐曲忽地从天外飘来，依稀有一缕阳光突然照进心房，陈景润炽热的目光直视着由昆，急促地问："那你自己同意啦！"由昆红着脸，没有否定，也没有肯定。然而，在爱情上如孩子般天真的陈景润，只要如此，就十分满足了。他越想越高兴，越想越得意，心里比喝了蜜还甜。一种从未体验过的幸福感，如排山倒海席卷而来的巨浪，豁然冲开心灵的闸门，其势并不亚于他当年攻克哥德巴赫猜想（1+2）之后那妙不可言的感受。

疗养期间，他的行动还是比较自由的，当天，他兴冲冲地从医院里溜了出来，一路脚步生风，跑到位于中关村的数学研究所，当着他许多同事的面，郑重地宣布："我有女朋友啦，我有女朋友啦！"

这真是天大的爆炸新闻，其影响绝不亚于在中科院扔一颗炸弹！人们向他祝贺，怀着好奇，向他打探这位女朋友的情况。"她叫由昆。"善良人总想把自己的欢乐和幸福分享给人家。陈景润一身的孩子气，淋漓尽致地展现在思维极为缜密的研究所里。于是，一阵阵开怀的笑声便把这场喜剧推上高潮。陈景润满面红光，病容烟消云散，变幻成浑身朝气蓬勃的小伙子。他从一楼奔到五楼，又沿着长长的走廊走去，告诉所有遇到的人，认识的，不甚认识的，都说，仿佛要把这天下最为珍贵也最为甜蜜的幸福，分享给所有的人。

这就是天真无邪的陈景润。

特大新闻很快就从研究所飞到三〇九医院，顷刻，化为席卷全院的飓风，所有人都措手不及，所有人都被这传奇的喜讯撩拨得心花怒放！一群女军人，此刻，完全失去草绿色的威严，而一起围住由昆，嘻嘻哈哈，搅得天翻地覆、欢天喜地！

"你的保密工作做得真棒！滴水不漏。"

"陈景润平时遇到我们，只会说：谢谢，谢谢。"饶舌的姑娘，学着带有浓重福建口音的陈景润的口吻，"而遇到你，却有说不完的话，原来如此！哈——"笑声又起，昔日寂静的三〇九医院，仿佛炸了营。

这真是苦了由昆，纵然有十张嘴，她也无法解释，纵然跳到黄河，也洗不清了！她完全没有料到，陈景润怎么有一手这么厉害的杀手锏！这一回，她真的生气了，恨不得立即找陈景润算账，一到病房，屋子里空空的，她猜想，此时的陈景润，还不知在哪里广播他的"特大喜讯"呢！

陈景润终于游荡回来。一看到由昆那张生气的脸，他仿佛醒悟到什么，像是做错事的孩子，等待着惩罚。外刚内柔的由昆，一看到陈景润战战兢兢的模样，一肚子要发的火，却倏地消失了。"数学上是巨人，其他方面都是孩子"，她心里油然生起对陈景润的总体判断。一种美好而崇高的感情，悄然弥漫开去，她不忍心让陈景润再受折磨，更不忍心在他那荡漾无限美好幸福的心田里撒上一把沙子。她深深地心疼他。于是只好嗔怪地瞪了陈景润一眼，叹了一口气："你呀——"说完，情不自禁地独自笑了。

如释重负，陈景润感到一身轻松，事实又一次证明，他的"猜想"，准确无误。

他们终于真正开始相爱了。一对爱侣，虽然很少出现在花前月下，但两人心心相印。一九七八年年底，由昆结束了在北京三〇九医院的进修，返回武汉部队，开始近两年的两地相思。陈景润谈恋爱和做数学一样，严肃认真且不乏无数奇丽的想象。劳燕分飞，但青鸟殷勤。陈景润同样给由昆写了不少热情洋溢的情书。笔者在采访由昆的时候，曾提出，能否向读者公布一至两封这位数学巨人奇异的爱情信，由昆答应回去看看。第二天，由昆告诉我们：她回去以后反复看了陈景润写给他的一大摞的情书，感到每一封信都是只能他们两个人才能读的"悄悄话"，不好意思让其他人看。当然，或许这会使读者感到遗憾，但我们相信，正因为如此，我们才能深深体味到陈景润爱情的美丽和神秘。

逢有探亲假，由昆便来北京，陈景润更是沉浸在热恋的甜蜜之中。他多次陪由昆去游颐和园，到香山植物园、十三陵去远足。陈景润极爱大自然，尤其喜爱树林的幽静和清新，他对十三陵的茂密树林情有独钟，不辞挤车的劳累和路途的遥远，去了一次以后，又接着把由昆携带到那里。满目碧色如洗，层峦叠翠绵延不尽，恰似消融了那拼搏的劳碌和艰辛，更像他们那纯洁丰富的爱情，风光无限，情趣无限，生机无限。

陈景润和由昆的结婚照

一九八〇年八月二十五日，瓜熟蒂落，他们终于登记结婚。数学所给陈景润调了一套一室一厅的旧房，他从此搬出那间六平方米的锅炉房。新房子同样很小，且后面就是屠宰场，一到夜晚，就传来猪的惨叫声，但并没削弱这一对爱侣的幸福。结婚时，华罗庚老人特地前来向他们祝贺，关切和厚爱之情，溢于言表。没有举行任何仪式。由昆按照部队的习惯，给大家发了喜糖，便开始了同样富有传奇色彩的小家庭生活。

由昆：我真的心疼他

"水流任意景，松老清风润"，著名书法家王永钊题写对联，笔墨酣畅，沉雄劲节，依然挂在陈景润家中的客厅里。陈景润用过的电脑，照原来的位置，摆放在桌子上，罩着蓝色的布。书房依旧。窗台上，这位数学家生前很喜欢的盆花，绿影摇曳，依稀在回味着那难忘的岁月。谈起家庭生活，由昆眼泪就情不自禁地潸然而下，轻声地说："我真的心疼他。"

陈景润结婚以后的生活，是美满幸福的。开始，他和由昆分居北京和武汉。到一九八三年九月，由邓小平同志亲自过问，由昆才调到北京。由昆来京时，中央军委的洪学智同志曾考虑到照顾陈景润的健康，建议由昆不要去医院上班，专门照顾陈景润。陈景润得知消息，连忙说"不要，不要，由昆应当有自己的事业"，婉言谢绝上级首长的特殊照顾。不少人都以为陈景润的家庭或许有点怪怪的，其实，这是误解，婚后的陈景润，容光焕发，看去比由昆还年轻一些。他那张白净的脸上，漾着笑意，温和而谦恭，几乎所有的人，都认为是一对很般配的夫妻。

后来，由昆怀了孩子，陈景润喜不自胜，对由昆照顾体贴入微，抢着去做家务事。买菜、换煤气等琐事，全由他一个人包了。由昆生下了胖小子，陈景润给他取了个小名：欢欢。很像可爱的小熊猫的名字。他十分尊重爱护由昆，笑吟吟地说："你生孩子太辛苦了，孩子跟你姓吧，取名由伟。"由昆说："这怎么行！"于是加上一个陈姓，变成了"陈由伟"。由昆坐月子期间，陈景润按照福建人的规矩，天天给由昆进补，天不亮，陈景润就去屠杀场买新鲜的猪蹄、猪肚等东西，回来用从老家带来的红米酒炖给由昆吃。一个月下来，原来苗条的由昆长得又白又胖，体重达到一百五十六斤。陈景润自我欣赏自己的"功劳"："这样好，这样好，终于把身体补上了。"爱美的由昆，却为之忧虑不止。好在她个子比较高，才看不出原来苗条身材特别显著的变化。

陈景润和儿子陈由伟

陈景润一家合影

对于孩子欢欢，陈景润更是爱在心头，他喜欢抱孩子，但姿势实在让人好笑，头朝下、脚朝上，像是抱着一个炮弹，引得由昆笑得直不起腰来。经过纠正，陈景润才学会抱小孩。当时，他们从由昆家乡请了一个老人当保姆，这位从乡下来的老婆婆会抽烟，陈景润爱子心切，说什么也不让婆婆抱孩子，他焦急地直言不讳地说："婆婆，你不要抱孩子，你吸烟会影响孩子。"说完，一把把孩子抱在自己的怀里。结果，只好换一个保姆。

陈景润爱由昆，偶尔，也陪由昆去看电影，有一次，看《第二次握手》。影片中主人公的曲折的爱情经历，使陈景润很受感动，他紧紧地握住由昆的手，动情地说："我们永远不会分离的。由，你说，是吗？"由昆连忙安慰他："不会的，不会的！"他钟爱数学，看电影也会分心。有一回，他们一起去看电影《悲惨世界》，看了一半，陈景润突然对由昆说："我肚子疼，我先回去。"由昆正看在兴头上，让他一个人回去，过了一会，还是放心不下，就也追了出来，却看到陈景润正悠哉悠哉地欣赏电影海报。他知道由昆肯定会出来。

"好，你说谎，骗我。"由昆要去捶他。

陈景润嘿嘿地笑了，孩子似的认错。"我不想看这部电影，"陈景润老实招供，"咱们一起走回家吧！"然后两人就循着七拐八弯的小胡同并肩走了一个多小时。由昆至今还纳闷，陈景润何以那么熟悉这些小胡同？当然，她也至今还没有看全《悲惨世界》。

陈景润时间抓得很紧，不愿去理发，怕花时间。因此，陈景润的头发，自一九八四年开始，都是由昆帮他理的，开始时，由昆手艺不行，她是放射科的医生，开 X 光机是内行，拿理发推子还是头一次。陈景润鼓励她，尽管头发被夹得生疼，他仍是笑呵呵地鼓励由昆。第一次，由昆把陈景润的头发剪得参差不齐，很难看，同事见到陈景润，问他："你哪里理的头，怎么像狗啃的一样？"陈景润还懂得保护由昆，回答说："在一个没有什么人理发的小店里理的，没关系。"这件事让由昆深受感动。

打扮丈夫，是一个贤惠妻子的天职。由昆把陈景润打扮得清清爽爽。她是懂得美的。根据陈景润的气质、年龄，特地选购色彩鲜艳的服装，给陈景润换上，果然，陈景润穿起来挺精神。每逢这时候，陈景润就变得像孩子一样听话。由昆高兴地对人说："我要带两个小孩，一个是欢欢，一个便是老小孩。"

当然，这个"老小孩"也会耍脾气的。陈景润一个人生活惯了，平时生活太随便，结婚后被由昆调教以后，已是好多了。不过，还有一点，总改不过来，这就是：乱。陈景润的书房，到处是草稿纸、书、杂志，有时，连脚也踩不进去。陈景润自己不整理，也不允许别人整理，那些来访的记者、客人看了，还以为由昆不会持家，终于，有一天，由昆擅自作主，把书房整理得井井有条。她忙了整整一个上午，才拾掇干净。环顾一看，满意地笑了。

陈景润一脚踏进书房，看到换了模样，这个"老小孩"居然大发雷霆，他借故发脾气，诬由昆把他的西洋参整理丢了。劳累半天的由昆见到陈景润那种毫不尊重她劳动的模样，委屈地哭了。这件事惊动了李尚杰，他闻讯赶来，一进门就对陈景润说："老陈，肯定是你错了！"陈景润编的谎言，就像孩子说假话，破绽之处，显而易见。李书记素来深知他的这一招，了解情况后严厉批评了陈景润。陈景润仍然习惯用西洋参泡茶喝，那些西洋参还完好地摆在抽屉里。他本来想借机抖一抖威风的，结果反而亏了理。隔壁房间里由昆委屈的抽泣声，牵动了陈景润的心，他深深感到内疚。

陈景润低首垂眉，隔着一个房间，大声地喊道："由，我错了！"由昆没有动静，他又喊了一遍："由，我错了！"由昆走过来，见他那虔诚的模样，叹了一口气，说道："你这个总长不大的老小孩。真对你没法子。"说完，才渐渐地消了气。不过，陈景润这一回"失败"以后，再也不敢"闹事"了。

陈景润爱花，爱树，爱大自然。小小的阳台上，种了许多花。吃过的西红柿、瓜果，他都细心地把籽留下来，晒干，然后再种上，从发芽到结果，他都像孩子似的感到惊奇。西红柿，瓜果，有了收成，他像孩子般高兴，爱不释手。屋前，是绿化树，有一回，他看见有人在锯树，便大声地喊叫，和工人吵起架来了。工人奉命办事，当然不理陈景润。陈景润气得团团转，就板着脸走出家门，不知跑到哪里去了。

一个多小时后，正当由昆焦急万分的时候，陈景润却举着一枝腊梅枝笑吟吟地回家来了。原来他跑到颐和园散心去了。陈景润进门就说："他们砍树，咱就自己种！"说罢，就到阳台忙乎去了。

由昆在三〇九医院上班，工作紧张，她心想：铁打的营盘流水的兵，今后总要转业的，迟转业不如早转业。陈景润得知消息，立即给由昆做"思想工作"，他耐心地劝说由昆："你长期在部队，性格爽直，风风火火，你这种性格在地方上可不大行，还是留在部队上好。"由昆听了他的话，一直在部队工作。

陈景润爱看由昆穿军装的模样，每逢庄重的场合，由昆一身戎装，显得英姿飒爽，陈景润就像孩子似的轻轻地抚摸着草绿色的军装，说道："由，你穿上军装才真正地漂亮，我左看右看，总看不厌！"由昆听了心里高兴，嘴上却嗔怪说："现在早已不时髦军装了，瞧你，思想落伍了——"陈景润却当了真，认认真真地回答："军装漂亮，由，你穿军装，真是太漂亮了！"说着，高兴起来，还会哼上一支歌。外界人或许不清楚，陈景润的歌唱得不错。从老掉牙的《我是一个兵》到流行歌曲，他都能唱上几首。有时，兴致来了，一家三口又唱又跳，恰似开音乐会，其乐融融，一派生气盎然且温馨如沐的氛围，令左邻右舍也为之心动。

陈景润生活条件好了，仍不忘节俭，他很早就告诉由昆，外国念大学是要钱的，我们中国的大学生，由国家包下来，这种状况不会维持太久。果然被他言中，后来，各大学都开始收费。他们精打细算，节省下来的钱准备以后供欢欢上大学，他疼爱欢欢，但不宠他，很注意培养孩子的创造精神。欢欢小时候，活泼，懂礼貌，遇到阿姨、叔叔、伯伯都会主动问好。他爱画画，在家中的墙上画了不少儿童画，充满想象和稚气，陈景润并不制止，但告诉欢欢，到外面不得乱画。小欢欢从小爱动脑筋，陈景润很高兴，每逢提出问题，总是耐心启发他思考。然后再给答复。他爱问为什么，爱探究根底，手电筒为什么会亮，计算器有什么用？有时，会把这些东西拆开，然后一一装上去。陈景润从细心的事情培养欢欢的求知精神。从小学开始，欢欢成绩就不错，后来上北京大学附中，长成一米八几的小伙子了。虎头虎脑一副机灵劲，能吹小号，是个挺帅的小号手。

陈由伟不乏遗传父亲数学才华，对解难题颇有兴趣，高中时，他选了文科，之后到加拿大多伦多读书，开始选的是商务，后来居然转到应用数学——他发现自己喜欢上数学。在加拿大，没有人知道他是陈景润的孩子。到国外留学回来，回到北京开了一家公司。

陈景润的家庭，宁静，温馨如沐，洋溢着浓郁的书卷气。他，仿佛并没有离去，只是远行一段时间，还会回来的。是的，他并没有走，永远活在由昆、欢欢和一切爱他的人们心中。由昆疼他，祖国和人民何尝不时时心疼这个忠诚的儿子呢！

第八章

搭梯子

陈 景 润 传

凌晨三点的灯光

一九八一年四月，陈景润回到久别的母校——厦门大学，参加厦大建校六十周年校庆。此时的陈景润，情满意得，荣誉等身，且新婚不久，显得分外年轻潇洒，当他第一次出现在厦大建南大会堂的主席台上，代表校友讲话时，几千名代表掌声雷动，面对着朝气蓬勃且侃侃而谈的陈景润，几乎所有的人都在心中发出疑问：不是说陈景润又怪又迂又傻么？现实和想象，判若两人，这是怎么一回事呢？人们当然相信亲眼见到的现实。这是陈景润健康状况最好的时期，也是他向哥德巴赫猜想（1+1）发起顽强攻击的时期。短暂的参加校庆的日子，同样留下他艰苦跋涉的足迹。

校园，永恒的家园。对于陈景润来说，无疑是远方游子对故梓的铭心刻骨的探亲。漫步在洒满阳光的小径上，寸寸都是相思，拾起遗落的青春，拾起长满荒草的记忆，更拾起母校殷殷的期望和那不凋的豪情壮志。

从事业来说，他是从厦大起步的。校园依旧。无尽的思念，化成如朝霞般璀璨的凤凰树。以巍峨的建南大会堂为中心的海滨建筑群，那是银灰色的花岗岩组成的宏伟群雕，雄峙在足以容纳数万人的阶梯式足球场看台之上，威武壮阔。以群贤楼为中心的建筑群，悄然伫立在举目皆绿的树丛里，门前，是当年民族英雄郑成功的演武场，大军挥师渡海而去，虽再不见金盔银甲遮天蔽日，但雄风飒爽，仍扑面而来。雍容大度的木棉树，挺拔入云的棕榈，柔情依依的锦竹，伟岸潇洒的小叶楼，絮语声声的相思树，仿佛，编织着历史和现实庄严交接的风景线。置身其中，陈景润感到有一种如大海般沉雄磅礴的伟力在催动着他，加快步伐，去摘取哥德巴赫猜想最绚丽的明珠，攻克（1+1）。

数论是美丽的。外行人往往以为那是脱离实际的高度抽象的游戏,陈省身先生说过一段极有见地和深刻的话:"数论是数学中最要紧、最深刻的应用数学。数学家因为没有机会用实物做实验,就拿数字来实验,结果发现数字间有许多特别的性质,但证明有时非常困难,有些假设到现在还不知是否一定正确,因为还没有得到完全的证明。"对于哥德巴赫猜想最后一道难关(1+1),就是如此。必须选择一种崭新的方法,用陈景润自己的比喻来说,必须搭起梯子,才能攀上悬崖绝壁,去摘取这颗最明亮的星星。

"搭梯子",一个巧夺天工的工程,一次重新开始艰难跋涉的万里长征。只有内行的陈景润才能体味其中呕心沥血之苦和阅尽艰难险阻的壮美。它仿佛是一个朦胧而清晰的倩影,可见而不可触,令人神采飞扬而又备受难以捕捉的煎熬之苦。一想起它,难以言传的亢奋和自甘为之熬尽心血的夙愿,便油然而生。

再也不是当年屈居在七平方米勤业斋小屋中病恹恹的陈景润了。这次回母校参加校庆,陈景润是最受欢迎也最受尊重的嘉宾之一。按照学校原来的意见,是要陈景润携新婚不久的由昆一起回来的。勤勉细心的陈景润担心"影响不好",婉言谢绝母校的盛情,一个人从北京乘硬席卧铺到厦门。精打细算的数学家不去乘舒适的软席卧铺,为的是替国家节省一点钱。到了厦大,被安排在设备完善颇为豪华的宾馆式的招待所里。他和老朋友、老同乡、老同学林群院士同居一室。

林群院士后来深情地回忆起这段难忘的日子:

> 陈景润睡得很少,每天晚上,大约十二点钟以后,才能入睡,令我惊奇的是,他入睡很快。有时鞋不脱,衣服也不脱,就躺下了。不久,就传来了轻轻的鼾声。到凌晨三点,他就醒了,他怕影响我休息,动作很轻,然后,轻手轻脚地到会客厅,打开灯,开始伏案工作。我睡意浅,醒了,问他:"你去干什么?"

　　陈景润见惊醒了我，十分过意不去，连忙道歉，说道："真对不起，对不起，我去干一会儿活。"说完，便走出门去。

　　事后，陈景润告诉我，他一直在做冲击哥德巴赫猜想（1+1）的"搭梯子"工作。私下里，他也曾叹息说："原来用于攻克（1+2）的筛法已经不适宜用于攻克（1+1）了，必须另外找一条路，路在何方呢？可能根本没有路，只有搭梯子才能爬上去。"

古诗云"山穷水尽疑无路，柳暗花明又一村"，炊烟袅袅鸡鸣犬吠的迷人村庄在哪里？

　　凌晨三点的灯光，如微茫的希望，点缀在这座被人誉为"南方之强"的校园里。夜很长，很静。近在咫尺的闽南第一寺南普陀，善男信女早已沉沉进入梦乡，浓墨重彩的亭台楼阁也悄无声息地消融在浓重的夜色之中。喧闹一天的大海，也酣然入梦。只有陈景润，竭虑殚思，用飘飞音符一样的数字作为一砖一石，执着地铺就一条通往未来的路。

　　校庆是一次极为难得的同学聚会、师生聚会，同学情、手足情，多少回，相逢在梦中。握手、拥抱、问候，然后，相互细细地端详，是寻觅当年恰同学少年的踪影，还是从对方每一丝皱纹、每一根白发中去品味人生的沧桑？岁月太无情，一晃便是二三十年，路旁的相思树仍是枝繁叶茂，而时间的长河，却残酷地卷走这些莘莘学子生命中最为宝贵最为耀眼的年华。在和同学相聚中，陈景润发现，当年同班的四个同学都健在，且其他人在大学中均有一定的成就。他认识的同学也有性急的，居然来不及打一声招呼，便撒手西去，一声不吭地永别这个无奈而又令人留恋的世界。聚会之余，当一人独处的时候，陈景润越来越强烈地感受到生命之旅的短促。从一九六六年他最初攻下哥德巴赫猜想（1+2）到一九七三年进一步完善它，花去八年，长达一个抗日战争的时间；从一九七三年到现在，又一个八年，他对自己的这项结果作了很有意义的改进，将最小素数从原有的八十推进到十六，受到国内外同行学者的高度赞扬，在数论的其他领域也做出可贵的贡献。然而，十六年弹指一挥间，攻克（1+1）的夙愿没有取得实质性的进展。

越想越睡不着，他恨不得把一天当作两天用。厦大，人杰地灵，浓荫如泼的校园小径，俯身就可以拾起一段遗落的传奇。绿茵茵的草地，春阳如沐。尊敬的校主陈嘉庚，手挂拐杖，一动也不动地站在操场一侧，莫非，他是太累太乏了，操心一辈子，倾其所有，营构了这座美丽无比的校园。他是不朽的，他的生命并非只化成铜像，而且也化成千千万万学子的笑容，化成无数中华俊杰的热血，化成这永恒家园的无限春光。"横眉冷对千夫指，俯首甘为孺子牛"的鲁迅先生，一身长袍，留着短髭，就斜靠在草地的一角；他的目光，依然是那么冷峻、威严，他的生命并非只化为石雕，也化成从这里走出的人们不屈的脊梁，化成足以令世界上所有的献媚者、告密者和一切丑类为之胆寒的铮铮铁骨。沧桑如海，尽入心头。陈景润的脚步，仿佛踏在生命之弦上，每一步都在心头激起强烈的震撼和回响。

凌晨三点，陈景润住的房间就亮起灯光。寂然无语。窗外，是挂果的龙眼树，正酝酿着秋天丰收的梦。伏案劳作的陈景润，算出了什么？不知道。他，只留下这段韵味绵长的佳话。

四本科普读物的诞生

科学是悲壮的。同样需要前仆后继的精神。

摆在我们面前的有四本书，它们和陈景润撰写的论文迥然不同，而是生动活泼、通俗易懂的普及读物，这是陈景润留给全国青少年最珍贵的礼物。

一本是《哥德巴赫猜想》，由黑龙江教育出版社一九八六年五月出版；第二本是《趣味数学趣谈》，辽宁教育出版社一九八七年出版；第三本是《组合数学简介》，天津科学技术出版社一九八八年七月出版；第四本是《初等数论》，科学出版社一九八八年九月出版。四本书，恰似四叶可爱的小红帆，引导着全国千千万万的青少年在数学的海洋中乘轻舟游弋。

陈景润在顽强冲击（1+1）的紧张日子里，去撰写这些似乎和主攻方向联系不太紧的少年科普读物，其直接原因是一次又一次应邀去给中小学生开讲座和全国许多青少年的来信。陈景润天生一副孩子味，他酷爱孩子。一九八五年后，他身体状况已经不太好。当时担任国家科委主任的方毅同志，在一次和陈景润偶然接触中，发现陈景润的表情有点不大自然，出现呆滞性的"木偶相"，经医生检查，属于帕金森综合征。病魔开始折磨他，但只要一到孩子们中间，他就感到充满活力，他的时间十分宝贵，无法满足更多学校的要求，于是，开始利用"空闲时间"撰写这些适合青少年阅读的有关数学的科普读物，让更多的孩子热爱数学、了解数学，成为中国数学界的接班人。

捧读这位数学巨匠留下的四本特殊的书，字里行间，几乎处处都可以感受到陈景润那温暖动人的微笑，那亲切和谐带着浓重福建口音的轻声细语。四本书的选题和内容，显然是经过深思熟虑和精心安排的。第一本便是《哥德巴赫猜想》，这是数学的明珠，又是一面不凋的旗帜，它引导陈景润苦苦为之奋斗了一

陈景润参加活动

辈子。当年，是沈元教授无意中在陈景润心中播撒了一颗奇异的种子，结果，不仅改变了陈景润的人生，也改变了中国的数学史。而今，陈景润同样在播种，他把满腔的希望和憧憬播撒在亿万青少年的心中。翻开这本书，陈景润用深入浅出的语言，把哥德巴赫猜想这一世界性的世纪命题，勾画得栩栩如生。"高贵的牡丹"，同样闪烁着如茵绿野的生机和神韵。持久的攻关，久攻不克，对于冲击（1+1）的问题，陈景润尽量用通俗的语言，给人们解释："愈逼近极限，难度愈大。虽然全世界许多数学家都在努力摘取这项桂冠，但用传统的数学方法证明（1+1）已行不通，关键要找到一种全新的方法，这就好比，用肉眼无法观测外星球，用电子望远镜才可能办到，可至今尚未有人找到类似电子望远镜的新手段……"莫非，不乏远见的陈景润，在久经战阵之后，也深深地感受到，攻克这最后的难关，不仅需要他继续拼搏，更需要有亿万的后来者去冲锋陷阵么？这本难得的小册子，无疑是春天的种子，已经播撒在无数热爱数学的青少年的心田里，总有一天，人们会看到丰硕的收获的。

兴趣是入门的向导，往往也是成功之母。要学好一门功课，光凭苦读，没有兴趣这一奇异的添加剂，的确是一种受刑式的熬煎。兴趣的本身，是一种复杂的心理现象，它和人的天然禀赋有一定的关系。有的人爱好文学，擅长形象思维，对生活的感受有一种特殊的美感；也有的人爱好数理化，孜孜不倦而又津津有味地吮吸自然科学园地的神韵异彩，对逻辑思维有一种天然于心的遇合之乐，它们都是极为珍贵的天赋，是学好功课并进而钻研学问的前提和基础。通晓数学的陈景润当然深谙兴趣的神奇和奥妙。他钟爱数学，一方面源于天然，更重要的是，兴趣是可以诱发和培养的。正是许多数学老师的启发、培养、教育，塑造了传奇式的陈景润。根据自己的人生之路和钻研数学的体验，他分外重视培养青少年对数学的兴趣。

大千世界，从数学角度审视，可以说是一个数学世界。抽象的数学符号，同样可以编织出撼天动地的交响诗，也可以谱写意境幽远的小夜曲。数字，在揭示、表达、演绎着我们这个无限世界无数迷人的童话、神话。当人们惊叹航天世界中卫星准确定位，宇宙飞船分毫不差地对接成功的奇迹时，通晓数论的行家告诉人们，这只不过是数学戏剧中的几则小品。数学的博大、精深是无与伦比的，而同时又是兴趣无穷的。陈景润曾经给他的儿子欢欢做过一道数学题，从 1 加到 10，得数是多少？这就是一道趣味数学题，采取两头相加的方法，很容易得出结果。陈景润写的《趣味数学趣谈》，正是从人们所乐于接受的兴趣入手，让青少年乐融融地神游数学世界。这本书，处处洋溢着智慧的闪光，处处都回荡着天真无邪的笑声。书如其人，言为心声，数学书同样如此，你想了解陈景润那颗不泯的童心么？你想一识陈景润那大智若愚的非凡智慧么？偶尔一读这本通俗易懂且情趣横溢的书，是很有兴味的。

《组合数学简介》《初等数论》皆属于介绍数学入门的读物，条理清晰，谆谆善诱，且由浅入深，同样是青少年科技读物中的佳品。数学是自然科学中的基础学科，它的普及程度和水平的高低，和我国四个现代化的前景紧密相连。富有远见卓识的教育家、专家多次呼吁，希望那些学识渊博的学者为青少年撰写科普读物，并从跨世纪的高度来认识这一宏伟的奠基工程，陈景润的行动，正是适应这一时代潮流而又独具远见的典范。

自一七四二年哥德巴赫给欧拉的一封信中提出"哥德巴赫猜想"开始，两百多年过去了，一代代的数学家，倾尽生命的全部热情和智慧，积累了无数宝贵的资料，终于构筑了无比辉煌的数学宫殿。因此，从一定意义上说来，数学正是靠人类的整体努力和长河般川流不息的一代代人的拼搏，才得以不断丰富、提高，而达到相对完善、成熟的境界。风华正茂的青少年是数学的未来。身患疾病的陈景润在强忍疼痛、折磨而跋涉不止的时候，或许，早已从青少年一双双稚气未脱而闪烁着渴望、追求的目光中，读到了数学的明天。

在科学技术以瞬息万变的神奇进行知识技术更新的时代，陈景润写的这四本以青少年为对象的科普读物，随着时间的推移，其内容或许并不算是很新鲜了，但字里行间所洋溢出来的陈景润那种重视基础和基本技能的严谨态度，身患重病依然执着地关心着祖国未来的诚挚爱心，却是永存的。陈景润说过："攀登科学高峰，就像登山运动员攀登珠穆朗玛峰一样，懦夫和懒汉是不可能享受到胜利的喜悦和幸福的。"即使是天才科学家，也要付出巨大的努力，陈景润再次证明了自己的话。

四本薄薄的小册子，同样蕴含着沉甸甸的分量。

我在搭梯子

如今，人们已经很理解曾经发生在中科院的一幕了：这是发生在"文革"之前的一件事，有一回，调来一个新干部，陈景润随着数学所的同事礼貌性地去看望。新来的干部倒十分客气，忙着递烟倒水，笑容可掬地一一问候大家。这时，突然有人发现陈景润也在他们之中，仿佛受了极大的侮辱似的，居然厉声责问："陈景润，你来干什么？"陈景润没有思想准备，更没有料到此人会这么不礼貌地且粗野地对待他，一时不知如何回答是好，这个自视"高贵"的人士竟然大吼一声："陈景润，你给我滚出去！"陈景润被迫走出大门，低首垂眉回到自己的住处。他最基本的人格和为人的尊严，也往往被那些"左派"残忍地剥夺。然而，让人感到惊叹的是，一旦走进数学王国，他便以超人的毅力，摒弃这些人世间极不公正甚至极不人道的待遇，潜心于近似白刃搏斗的攻关鏖战之中。

一个真正的科学家，他的人格、尊严，才是真正的高山、大海，才是耸立于人们心中的丰碑，那些依靠权势或依附权势而飞扬跋扈的人，只不过是粪土。古人云"荣辱不惊"，达到这样的人生境界，非等闲人士。

人世间的冷遇、歧视、逆境所带来的种种压力，可以诱杀创造的生命，然而，对于那些心气不凡的人，也可能激起更大勇气，去搏取未来和明天。外国学者所称道的"逆境是一所难得的学校"，原因便在于此。颂歌、鲜花、掌声、顺境同样会带来盲目的自满，诱发虚荣，让那些奋斗者陶醉其中，而忘却自己的神圣责任和使命。被胜利的欢歌所淹没甚至埋葬的英雄已是屡见不鲜了。如鲁迅先生所言，捧杀和棒杀其实同出一辙。

我们一次次地在鲜花和赞美中寻觅陈景润的足迹。事业、家庭皆十分完美的陈景润，并没有重蹈许多英雄的悲剧，他仍是一如既往地背着行囊，艰辛跋涉在通往哥德巴赫猜想顶峰的无比艰辛的道路上。

童心无欺。要从陈景润的口中采访到他冲击（1+1）的情况，是不可能的。他在科研上，一生严谨。深奥的数学公式和繁冗的推理过程，外行人无法听懂，他也不作介绍。冲击过程中的艰难，只有他自己才能体味其中的苦涩，不善言辞的他，更不懂得如何表达。佩服采访艺术娴熟的记者，终于发现欢欢不仅是个天真可爱的孩子，而且是懂得某些"军情"的"重要人物"。

欢欢从小很有礼貌，对前来采访的记者们热情而又感到新奇，当记者问到陈景润的情况时，他所透露的一些"内幕"是很有兴味的："每天，我爸爸总是很迟很迟了还不睡觉，问他忙什么，他说，做作业。也就是做数学题。经常做到第二天三四点钟还不睡觉，有一回，我妈妈生气了，和爸爸吵了起来，爸爸才磨磨蹭蹭地去睡觉。"说到这里，欢欢笑了，记者也笑了。

军人出身的由昆轻易不透露"秘密"，见儿子漏了点底，才解释说："先生干起活来，往往就忘记了自己的健康。我原来脾气不大好，任性，结婚以后，却很少能生起气来，我理解先生的心情。有时，实在忍不住了，会发火，但只要我一生气，先生就听我的了。"由昆话音一落，把陈景润也逗乐了，他忙不迭地打圆场："我听由的话，我听由的话。"于是，屋子里便爆发出一阵阵爽朗的笑声。

陈景润把做好攻克哥德巴赫猜想（1+1）的外围工作形象地比喻为是"搭梯子"。"搭梯子"何其容易，只有搭好人生的梯子，才有可能搭好科研攻关的梯子。

他是不屈的。一九八五年，陈景润已开始病重，开始，他在中日友好医院住院治疗。他从小就多病，各种疾病像影子似的尾随着他，或许，是病久了，司空见惯，也就不当一回事了。他哪像住院，随身带着书、各种资料，病房成了工作室，日日夜夜，仍在不停地计算、推理，时常工作到第二天凌晨四五点钟。令许多医生护士惊讶的是，几乎是打了个通宵的陈景润，第二天早晨，精神仍是很好。有时，他担心医生来查房，便"故伎重演"打开手电筒，躲在被窝里看书。他以燃烧自己生命之火的代价，希冀搭起一座通往风光绮丽的峰巅的梯子。

他会想起杜甫咏诸葛亮那悲壮的诗句么？"出师未捷身先死，长使英雄泪满襟。"在陈景润生命的辞典中，他几乎没有提到过让一般人感到恐怖的"死亡"二字。他经受的苦难太多，亦已经领略过死神的威胁，反而把这一切看淡了。他是一棵"咬定青山不放松"的竹子，任风雨飘摇，任严霜厉雪，我自岿然如故。他那非凡的韧性和把生命力量弘扬到极致境界的精神，为人们树立了一面最灿烂的生命之旗！

在"搭梯子"的漫长岁月里，陈景润做过多少题目，真是算不清了。过去，他的草稿纸是用麻袋装的，后来，一摞摞地置放在书房里，有不少还放在办公室中。他已去世一年多了，至今，你走进数学所，在昔日同事的案头上，或者，在办公室的柜子里，陈景润的草稿纸随时可能找到。字迹如镌如镂，恰似就在昨日留下的，印记着这位数学巨人深深浅浅的脚印，也印记着无法让人释怀的记忆和淡淡的遗憾。

陈景润生命的最后几年，依然在不懈地"搭梯子"。他的最后一篇论文，是和王天泽合作的《关于哥德巴赫问题》，梦魂牵绕数十年，数学皇冠的夺目异彩，一直烛照着他生命的全部航程。

陈景润病重期间，眼睛睁不开，需要按摩达一个多小时，才能睁开一点点，懂事的欢欢从小就给陈景润按摩，竟然练就了一手让专业医生都感到惊奇的按摩本领。然而，他的头脑始终是清醒的，他躺在病榻上，和他的研究生一起，仍在不懈地探索着攀登之路。

耗尽了生命的全部光华，遍寻数学的群山峻岭，陈景润虽然没有找到这条通往哥德巴赫猜想（1+1）峰巅的神秘小径，也没有搭起那架耸立云天直达九霄的"梯子"，但他的人生轨迹所焕发的崇高精神，却编织出一道足以让后来者继续攀登的阶梯。人生的梯子，应当像陈景润那样走，才能走进光辉的明天。

男儿有泪不轻弹。陈景润轻易不掉眼泪。

少年时，他内向而倔强，身体弱小，每逢在学校中受人欺侮，甚至，被打得鼻青脸肿，他从不掉泪，更不卑膝地向人讨饶。

青年就读厦大，生活拮据，患了肺结核，面对繁重的功课，他自尊自强，坚韧地挺了过来。

饱经忧患的岁月里，他被错误地拔了"白旗"，无端地下放到外地去洗瓶子，受尽冷眼，他没有掉泪；"文革"中惨遭迫害、侮辱、批斗，甚至被逼跳楼，他也没掉泪。

人，贵在有一点精神，陈景润的血液里，流淌的是中华民族炎黄子孙不甘屈服铁骨铮铮的气质。他没有丝毫奴颜和媚骨。

有了盛名的陈景润，却在一个特殊的场合哭了，而且哭得那么伤心。

一九八四年，美国数学家到中国访问，主动要求拜访陈景润。陈景润在数学所接待他。当时，盛传苏联人已经攻克哥德巴赫猜想的（1+1），陈景润得到这一消息，很是伤感。座谈中，谈及这个问题，美国数学家告诉他，这是误传。客人礼貌而谦恭地解释说："这是不可能的，世界上如果能算出（1+1），第一个应当是你。"陈景润听了，后来经过有关部门核实，这一消息确系误传，陈景润一颗心才稍为平静了些。

恰似登山比赛，当人们得知陈景润已经算出（1+2）以后，全世界有志气的数学家，都把前进的标尺定在（1+1）。冲刺峰顶，是一个民族和国家的光荣和自豪。已在这一领域中遥遥领先的陈景润，怎肯轻易把这一殊荣拱手让给他人？

从七十年代初期开始，陈景润就横下一条心，要尽全力拼

陈景润在工作

陈景润紧张工作着

搏，争取为这场攻克哥德巴赫猜想的跨世纪之战，画上一个圆满的句号。转眼十年过去了，三千多个日日夜夜，无声地消融在杳无踪迹的跋涉之中。路，在何方？"梯子"在哪里？回首往昔，莫名的惆怅和感伤，情不自禁地浮上心头。

播种，耕耘，收获，遵循劳作的常规法则，能够在付出艰辛之后，得到应有的成果，自然是一种幸运和安慰。这场攻克（1+1）的世纪之战，其深刻和悲壮之处在于，它超越一般劳作的常规法则，并不以艰难竭蹶的付出，作为衡量收获的标准。科学的严酷在这里表现得如此的冷峻无情，百分之百的付出，而收获往往是苍白无奈的零。

能出现辛弃疾在《青玉案·元夕》一词中所吟唱的奇迹么——"众里寻他千百度，蓦然回首，那人却在，灯火阑珊处"。陈景润曾无数次期盼过，从冬盼到春，从黑夜盼到天明，当失望如日复一日的平庸，几乎把心灵磨出老茧的时候，最刚强的汉子也会为蹉跎岁月而感到深深的忧伤。

偶尔，也会有绝望的黑影忽地袭来，日月无光。恰如在攀登珠穆朗玛峰途中突然遇到风暴，转眼之间，玲珑剔透的冰川幻成魔鬼血盆大口中的獠牙，天塌地陷，似乎要把世界推入黑暗的深渊。从广义和哲理上说来，失败是成功之母。但对于个人和某一具体的战役来说，失败，并不闪耀着什么迷人的光晕，而是黑色的灾难。冲击（1+1），不仅是科学上艰辛的探索，而且是心灵的拼杀，人格、意志的反复较量。胜利者都是强者，但并非所有的强者都有资格享受胜利的喜悦。

陈景润十分清楚自己所处的环境和地位。他不是那种急流勇退的人，他在取得辉煌之后，不像那些在体坛上荣获世界冠军奖牌的选手，有资格从容而体面地举行告别体坛的盛宴，然后去开拓另一片崭新的天地。他给自己定的人生坐标，是攻克哥德巴赫猜想（1+1），这才是真正的"世界冠军"，为此，他自觉地破釜沉舟，断了退路。只要生命还存在一天，他就要不懈地走下去。这种"傻"劲，与生俱来，不可移易。

多年来，世界各国的数学家都严密地注视着中国，注视着神奇的陈景润。碧眼红发的外国人很长一段时间不理解，凭着一支笔和几麻袋的草稿纸的中国人，怎么有如此能耐捧走举世瞩目的（1+2）。陈景润更是瞪大了眼睛，注视着世界数学界的动态。苏联、美国、法国、德国，甚至同是东方的日本，都有一批世界级的数学大家，强手如林，竞技场上，鹿死谁手，实在是难以断定。世界如此之大，不知道哪一天会从一个并不出名的地方，突然杀出一匹黑马，令所有的数学大家们都目瞪口呆，利索地把皇冠上最璀璨的明珠摘走，这种传奇，科学史上已不算新鲜了。

必须赶快做，抢在洋人的前面，抢在稍纵即逝的生命之旅结束的前面，强烈的紧迫感，一次次叩击着陈景润的心弦。他不敢懈怠，也无法懈怠，一天当做两天甚至三天来用，他已习以为常。

一九八四年的夏天，一位德国的数学家访问中国，他慕名找到陈景润。皆是行家里手，他们谈得很投机。陈景润的英语水平不错，不必借助翻译，双方可以坦然相谈，他们一起讨论攻克哥德巴赫猜想问题，说着说着，陈景润哭了，而且哭得很伤心。来访的外国朋友并不感到突然和意外，只是静静地坐在一旁，仿佛，在细细体味这位东方数学奇人的心境；仿佛，在默默分担这位数学同行的焦急和忧虑。陈景润的助手李小凝也端坐一旁，他不劝解，也不知道怎样劝解这位老师辈的数学巨匠。这是他第一次看到陈景润流眼泪，听到陈景润那令人心碎的哭声。是痛感自己经过十年苦斗，毫无进展而悲伤，还是有愧于祖国和人民的厚望，而心存愧疚呢？事后，人们没有去问陈景润，也觉得没有必要去探问这一事情。人们只是发现，陈景润仍是一如既往，匆匆地走进数学所那被称为"两层半"的资料室，他坐的位置是固定的，靠窗桌子前的第一个位置，即使他不来，人们也很少去坐它。只是人们已经深深了解他的习惯，一钻进资料堆中，就舍不得出来。每到下班时分，值班的同志都要细心地去搜寻一遍，以免重演把陈景润反锁进资料室中过夜的事情。

他在加快速度，在用自己生命的最后力量，去迎接那个世界数学家期盼了两个多世纪的神圣日子。长期苦战，他已经在疲惫之余，感到身体的不适。一到冬天，特别怕冷，从脊梁骨中感到透心的冰凉，视力也开始下降，只有那颗不泯的心，还是炽热的。

人们万万没有预料到，一九八四年四月二十七日，陈景润在横过马路时，被一辆急驶而来的自行车撞倒，后脑着地，酿成意外的重伤。雪上加霜，身体本来就不大好的陈景润，受到几乎致命的创伤。他从医院里出来，苍白的脸上，有时泛着让人忧郁的青灰色，不久，终于诱发帕金森综合征。令人惊叹的是，得了绝症之后的陈景润，却极少流眼泪，也没有听到他痛哭过。男儿的眼泪是金，偶尔夺眶而出，才让人惊心动魄。

"发事牵情不自由，偶然惆怅即难收"，泪洒战地，一倾真情。科学攻关的征途，悲壮而苍凉。

第九章

情溢寰中

陈 景 润 传

拜年

北京。春节。尽管现代的时髦，如潮水般涌进这座皇皇京城，但浓郁的传统气息，依然像四处可见的苍松古柏一样，根深叶茂。正月初一的拜年，互道祝福，恭喜一年的好运气，同样构成中关村特殊的风景。

每年，第一个走进支部书记李尚杰家拜年的，必定是陈景润。他穿着褪色却洗得干干净净的衣服，面带真诚的笑意，一脚踏进门，便喊："李书记好！李书记新年好！"他并不恭喜李书记发财，他知道，在数学所当书记，是无财可发的。

李书记一家人都喜欢陈景润，也十分了解陈景润。寒暄，让坐，沏茶，忠厚的李书记给陈景润端上一盒五颜六色的糖果。

陈景润礼貌地选上一颗颜色最普通的糖果，剥开，咬了一小口，放在嘴里慢慢地品味，仿佛细细品味这位领导对他的一片诚挚之心。

李尚杰是一九七二年调到数学所的。他开始并不认识陈景润，有人指着陈景润的背影，说道："瞧，那个穿旧棉大衣的就是。"时令才是九月，天气凉爽，中午较热，还有人穿衬衫，他觉得奇怪，陈景润怎么就穿棉大衣了呢？当时，李尚杰的办公室就在资料室靠门的一侧，陈景润常去资料室，从他门口经过时，连瞧也不瞧这个新来的书记一眼，他一钻进资料室，至少是半天。终于，有一天，李尚杰主动去请陈景润到他办公室小坐。陈景润有点惶恐不安，不知发生了什么事。他对领导干部，向来敏感而且小心翼翼。

"老陈，请坐，请坐。"李尚杰客气地泡茶，让坐。

陈景润站着，始终不肯坐。李尚杰是长期在基层工作的政治干部，还是第一次遇到这种情况。

"我想到你住的地方去看一看。"李书记和蔼地说。

"好，什么时候？"陈景润很认真地问。

"下班以后，下午五点半，我到你宿舍去找你。"李书记回答。

"我在楼梯口等你。不然，你会找不到的。"陈景润说得肯定。

"不用等，怎么会找不到呢？"李书记担心影响陈景润的工作，连忙拒绝。

"我要等你，在一楼楼梯口等你，下午五点半钟。"陈景润不由分说。他始终站着，书记泡好的茶，也不肯喝一口。

果然，当李尚杰下午五点半出现在一楼楼梯口时，陈景润正笑吟吟地站在那里等他。他们一起上楼，走进那间刀把形的六平方米的小屋。一目了然。

"怎么没有电灯？"李尚杰问。

"没有灯好。常有人来查视电炉，他们从来不查我。"陈景润慢条斯理地解释。从此，陈景润从心坎里敬重李书记。他平时很少和其他人来往，相对封闭的心灵，透进一线灿烂的阳光。每年拜年，他第一个去的就是李书记家。

"老陈，再吃糖果。"李尚杰端起糖果盒，请陈景润再挑一个糖果。

"瞧，我这里还有呢！"陈景润剥开手上的糖果，再轻轻地咬一口。咬完，又细心地包起来。这个糖果，能吃多久，不知道，只知道陈景润出门时，糖果还握在他的手中。

陈景润一直深深地敬重、感激这位可亲的书记，但他从来不在别人面前张扬这件事。深沉的爱，是埋在心灵深处的。

拜年的第二家，就是老乡、老同学林群。这是他最要好也是最亲近的知交。林群比他年长几岁，两个人都研究数学，但方向不同，不在一个科室。亲情浓郁的福州方言，顷刻，便把他们的心融合在一起。

福州人过年，有一套特殊的风俗。款待客人的点心，是热腾腾、香喷喷的羊肉泡线面。北京的羊肉好，来自内蒙古草原的肥羊，细嫩而没有什么膻味。不像北方人那样水煮羊肉，福州人喜欢用故乡的米酒，将羊肉炖得烂烂的，连汤带汁浇在细长的线面上，外加一个蛋。一碗点心，就是一份精美的艺术品。陈景润到林群家，是用不着客气的，两个人吃罢点心，便开始无所顾忌地谈开了。

陈景润没有家，父亲早已去世，继母在"文革"后亦西归了。兄弟姐妹虽多，但天各一方，平时也疏于联系。他是把林群当长兄看的，有什么事都毫无保留地对林群说，说到伤心处，也会流眼泪。林群安慰他，话不多，但入情入理。陈景润听了，往往从中得到莫大的慰藉。历经坎坷的陈景润，能够挨过来，这位老乡、老同学的支持和帮助，功不可没。

中国有句古话：人生得一知己，足矣！陈景润平时对所里的其他人礼貌、谦和，逢人便问好，甚至，敬礼，但他心里却是有数的，谁的品格、人格、性格如何，他有一本十分清楚的明细账。他并不以自己个人的好恶来衡量别人，他对人的宽容程度，有时连由昆都感到无法接受。一位在"文革"中动手殴打过陈景润的人，在八十年代想出国，前来请陈景润帮忙，陈景润不计前嫌，给予全力的帮助；还有一位斗过陈景润的人，要评职称，请陈景润作论文鉴定，陈景润亦十分公正客观地予以评价，这位同志职称也评上了。由昆为此生气了，认为陈景润太好说话了。陈景润笑着说："过去的事情，就让他过去算了。"然而，他的心灵只向他真正敬重和信赖的人开放。值得人们回味的是，对于他尊敬的领导和知心朋友，陈景润从来不在公开场合说他们的好话，更不要说那种世俗的阿谀逢迎之词了。心香一瓣，久蕴胸中，正是他的不凡之处。

北京春节的气氛很浓，科学界高手如林的中关村，同样洋溢着温馨、祥和、热烈的节日气息。陈景润只到他信赖的人家去拜年。此外，便是关上门，神游他的数学王国，或者，收听英语广播。他的确不善于周旋，不善于调整和其他人的关系。他的真诚和忠厚是表里一致的，或许，正是在人缘关系中过分的单纯，成为他事业成功的重要原因之一。

師生之谊

每一个成功者的后面，都有含辛茹苦的老师。他们默默地燃烧自己，照亮学生的前程；他们悄悄地用自己的肩膀，托起社会，也托起沉甸甸的人生。

陈景润尊敬老师，那是发自肺腑的一首首歌。陈景润热爱老师，那是从心灵喷发而出的动人诗篇。寻访陈景润的足迹，处处都可以拾到他尊师重教的佳话。

一九七三年，陈景润完成哥德巴赫猜想（1+2）的研究，他第一个想到的，便是向曾经培养和教育了他的老师们分享喜悦。他把那篇发表在《中国科学》上的让世界数学界震惊的论文《大偶数表为一个素数及一个不超过两个素数的乘积之和》一一寄给母校的老师，在论文的扉页上工工整整地写上："非常感谢我师的长期指导和培养——你的学生陈景润。"当时，尚是"文革"时期，百业凋零，科技文教战线更是备受摧残，千千万万的教师被打成"臭老九""牛鬼蛇神"，浊流滚滚，却无法玷污陈景润心中那片尊师的圣土。如今，陈景润的老师捧着这份最珍贵的礼物，几乎每一个人都可以讲出一大串陈景润尊师的故事。

他经常感念王亚南校长，当年，他身处窘境，是这位"懂得人的价值"的著名经济学家、教育家的提携和帮助，把他调回厦大，才使他有了施展身手的舞台。一九六九年十一月十三日，王校长含冤去世的时候，陈景润也正在"专政队"里被"管制"，后来，他得知消息，痛哭了一场。他的心系着处于逆境之中的王师母，连忙去信安慰。王师母给他寄去王亚南校长的遗照，很可惜，陈景润没有收到。一九八一年，厦门大学举行六十周年校庆，陈景润应邀回到厦大。他的一颗心挂念着已是年过七旬的王师母。那天早晨，陈景润四点多就起床，匆匆吃点早餐，就乘汽艇渡过海峡，到住在鼓浪屿的王师母家中探望。久别重逢，陈景润紧紧地握住王师母的手，激动地说："我非常非常地想念王校长，非常感激王校长对我的培养和教育。"他恭恭敬敬地站在王校长的遗像前，深情地回忆那些永远铭记心中的往事：全校师生用热烈的掌声欢迎王校长给大家作关于马克思主义经济学的讲座；细雨飘飞，浓荫如泼，王校长拄着拐杖，撑着长柄布伞去宿舍中看望学生；天刚蒙蒙亮，海滨的大会堂工地上，出现两个身影，王校长和陈嘉庚先生一起去检查施工质量……他完全沉浸在二十多年前的深情回忆之中，知人善任的王校长一直鲜活在他的心里，说着说着，眼泪就溢了出来。他恳求王师母再送一张王校长的遗照给他留作永恒的纪念，王师母答应他。细心的陈景润，临别时，赠了一套国画图片给王师母。

中国人有传统：滴水之恩，必当涌泉相报。老师对学生的培养之情，是涓涓流水，经年不息，他们把自己宝贵的青春甚至生命，消融在日复一日年复一年平凡琐碎的教务之中，他们中并不乏能成为科学家、作家的人才，但为了学生，他们牺牲了自己，甘于平凡，为学生做普普通通的铺路石。陈景润深深地理解老师的一片苦心。他回报给老师的，是成就的辉煌和对老师的赤诚之心。

陈景润一直和李文清老师保持通信联系。这次回厦大，他是在前往大会堂参加校庆大会的途中，突然发现李老师的。"是他！"他惊呼一声，立即冲过人群，奔到李老师跟前，并且紧紧地握住李老师的手，激动得久久说不出话来，他告诉李老师："我一定来看您。"果然，两天之后，繁忙的陈景润拨冗到李文清老师家。他动情地对李老师说："我到北京后，一直想着老师的培养和教育。现在搞研究工作，总觉得以前老师的指导和培养是非常重要的。基础是老师帮我打下的。"陈景润带给李老师的礼物，是新发表的数学论文，他仍然像当年做学生一样，虚心地向老师请教，一起探讨数论研究中的问题。

老师是陈景润心中的春风阳光。盛名之下的陈景润，受到学术界的瞩目，请他去做学术报告的请柬如雪片飞来，他太忙了，要集中全部的精力去冲击

（1+1），因此，都一一谢绝。对于浙江大学的邀请，他却慨然允诺，因为，这是老师方德植教授的母校，"爱屋及乌"，因为爱自己的老师，对老师的母校也情有独钟，这委实难得。

方先生当年任厦大数学系的系主任，现在家住鼓浪屿。一幢旧式的西式小楼。绿影敲窗，星星点点的花儿，寂寞地开着。陈景润专程去方教授家拜访，他细细地端详着这位已是满头白发的恩师，情深意长地说道："方先生，我念书时，你头上只有一点点白发，不像现在这么多哟……"说完，又觉得言犹未尽，补充地说道："我看到先生身体这么好，还是很健康，心里真高兴呀。"师生两人一起哈哈大笑起来。浓郁的师生之谊，像窗外的涛声，沉雄而绵长。

对于中学时代的老师，陈景润同样尊敬有加。一九九一年，陈景润的病情已经很严重，恰逢福建师大附中（英华中学是它的前身）举行校庆。一九八一年，该校百年校庆，陈景润曾前来参加。这一回，不少人都劝他不要来了，写个贺信就行了。但对母校和老师的一片深情，促使陈景润执意带病从北京前往福州。为了防止意外，由昆和长期关心他的李尚杰书记一起陪同陈景润，在这年的国庆前夕顺利地抵达福州。

师大附中的师生永远不会忘记这动人的一幕，十月二日上午，学校隆重举行建校一百一十周年暨侯德榜塑像揭幕典礼，经历病魔长期痛苦折磨的陈景润按时到了学校，他不要别人搀扶，只让由昆在一旁适当照顾，笑吟吟地挥动右手，从容地跨进附中的校门，和其他远道而来的校友一起，穿过二三十米夹道欢迎的队伍。这对于他，谈何容易！他用信念支撑着已是僵直的病体，他用满腔深情谱写着尊师的新篇。到了主席台上，他被安排在前排就坐，他说话已经十分困难，但面对热情洋溢的母校师生，还是情不自禁地用模糊不清的声音说道："我很高兴，很高兴，今天又回来了！"掌声如雷，师生们听清陈景润的声音了，他连声地说："谢谢，谢谢，大家好，大家好！"在欢腾的掌声中，由昆宣读了他的书面发言，这是陈景润留给母校的大海般的深情："我会永远铭记老师的培养教育，希望老师们多多保重，为教育事业做出更大贡献。"对于附中的同学，陈景润寄予厚望："我衷心希望同学们牢记'以天下为己任'的校训，为报效祖国而努力攀登科学高峰。只有祖国强盛起来，我们中国人才能真正顶天立地，还希望同学们能尊师爱校，我无论走到哪里，都会为我的母校而自豪……"

母校，恰似梦魂牵绕的故园，老师，更胜似骨肉相依的亲人。一泓碧水，辉映着陈景润尊敬老师的赤子之心；江山如画，镌刻着数学巨匠对老师的学子之情。

师生之谊，地久天长。

月是故乡明

　　胪雷，陈景润的故乡，山水依旧。一脚踏进去，便仿佛踏入历史的深处。无数的传奇、逸事遗落在这里。故乡的人民，把陈景润视为他们的骄傲和自豪。沿着小店如须的老街寻觅，经常可以遇到普通的百姓，拈出一串关于这位数学奇才的故事。

　　陈景润的生命，已经化为胪雷的一草一木，陈景润的精神，已经在这片文化沉淀不凡土地上，不断演绎出新篇。尽管，这里已经很难找到陈景润的直系亲属，陈景润家的两间老屋也已是空无一物，然而，你只需到这里走一走，处处都可以看到陈景润那质朴的身影，那谦和的微笑，和远方游子对故梓的深沉眷恋之情。

　　虽然陈景润早年就离开故乡到外面求学，但他一直未中断和故乡的血肉联系。一到假期，他爱回到这片纯朴的土地，家已迁往城中，老屋也租给他人开店了，他就住在村中小时候朋友的家里，同床共枕话桑麻，或者，到昔日熟悉的山坡、溪水中寻觅无尽的乐趣。

　　陈氏祠堂，村中最宏伟的建筑，左厢房已经辟为陈景润的纪念室，那里陈列着关于陈景润的资料、照片、书信，详尽而条理有致。甚至包括陈景润去世时的数百份唁电、唁函，都保存得十分完整。不过，最让人心仪的，是保存在胪雷人民心中鲜活的回忆。

　　这里文风很盛，许多农家子弟念书十分用功，然而，因为家境困难，影响他们进一步的深造。村里的党支部和村委会出面设立"陈绍宽教育基金会"。他们的目标是，力争筹集到三百万元的基金，解决全村青少年从小学到大学的上学经费问题。他们自然想到陈景润，请他兼任这个基金会的名誉会长。陈景润是从不当"官"的，得到来自家乡的邀请信，高兴得像个孩子，欣然允诺。并且，通过各种途径，争取各个方面的支持。他虽然盛名在外，但经济并不富裕，可还是立即从自己工资节省下来的钱中，取出一千元寄给故乡，作为他的心意。陈景润的行动鼓舞了许多人，大家纷纷慷慨解囊，经过共同的努力，在很短的时间内，就筹到六十多万元。村里使用这笔钱，十分细心严谨。每年要公开评选享受奖学金的学生，只有品学兼优而家庭确实困难的青少年才有资格享受这一殊荣。一般是：考上本科大学的六百元，专科大学的五百元，中学四百元，小学三百元。个别特殊贫困的，如陈惠彬，考上西安交通大学，经评议，特别奖励一千元。获奖的学生、家长皆张榜公布，贴在宗祠里，让大家监督，对学生也是莫大的鼓励和鞭策。陈景润这个名誉会长，并非只挂个名，只要有机会，他就过问基金会的工作，能为故乡做点事，他一直认为是很值得欣慰的事情。

陈景润和小学生

村里偶有乡亲去北京，陈景润一接到电话，就会兴高采烈地对由昆说："由，老家来人啦！"说完，就要亲自去接。他把乡亲视为自己最亲的亲人，按照故乡待客的风俗，一定要请乡亲在家吃餐饭。此时的陈景润，兴奋、激动，话也多了。胪雷是个风光奇秀之地，有胪峰晓雨、鱼屿晴烟等八大景，他的思绪仿佛飞到久违的故乡了，问长问短，对于村中的老人、小时候的朋友，都要问得仔仔细细。别看陈景润平时痴迷数学，生活过分节俭，但来了乡亲，他是极端慷慨大方的。常常是他亲自去买菜，并且自己下厨，按照家乡的习惯，烧出几道道地的"福州菜"来。疏于和别人来往的陈景润，请人到家里来吃饭，是件罕事，往往只有胪雷乡亲才能享受到如此"上宾待遇"。

远走千里万里，故乡是他的根，久居京城几十年，他一直保持着福建人的饮食、生活习惯，他爱吃"福建式"的稀饭：将米煮开不久，就将火熄了，焖着，稍过一段时间，再开锅。这样，既节省燃料，烧出来的稀饭又清爽。用一根红丝绳扎着线面，细长如丝，更是他神往的佳品。用线面泡羊肉，泡老鸭（一种胪雷出的土鸭），其味美不胜收。以前，福州人烧菜不用盐，而是用虾油，外地人只要一闻到其味，就避之不及，而对陈景润，却是极为难得的珍奇。家乡人了解他的习惯，有人上京，不辞旅途劳顿，给他捎上一些，他会高兴得几天都在叨念："这虾油，味道好极了，好极了！"浓郁的乡情，已经化为陈景润生命中不可分割的部分，以至他后来到福建养病时，人们惊讶地发现，病恹恹的陈景润，一回到福建，人就不一样了。精神焕发，吃东西有滋有味。月是故乡明，一方水土养一方人，陈景润属于中国，他的生命之根，却是深深扎在榕城这片土地上的。

一生拼搏，历尽坎坷，陈景润和生育了自己的故乡，多少次相逢在梦中。一直到他得了重病之后，才有暇回到胪雷，重温那萦怀心中多少载的故园梦。一九九一年十月一日，正值国庆节，应邀回福建师大附中参加一百一十周年校庆的陈景润，携夫人由昆回到久别的胪雷。小轿车从福厦公路的十五公里处，轻盈地往左边一拐，驰上一条绿树摇曳浓荫如泼的柏油路，陈景润那颗思乡之心，顷刻，便荡漾在南国如诗如画的故园中。当年，这是一条田埂路，陈景润常常赤着脚从这里走过，一晃六十年，往事如烟，说不尽的感慨，化为绵长回忆，时而朦胧，时而清晰，一幕幕浮上心头。

"瞧，这就是'鸭母陈'放鸭的地方。"小溪还在，池塘却化成一片高高低低的乡间小别墅。陈景润兴致勃勃地向由昆介绍故乡的风物，他不忘自己贫贱的出身，他的祖先只是一个善良、勤劳的放鸭人。

自发聚拢而来的乡亲，足有近千人之多，形成夹道欢迎的阵势。"景润回来啦"，这一喜讯，像南国的风，把每个胪雷人的心灵鼓荡得如三月的春潮。

陈景润不用由昆搀扶，一步跳下车。他幸福地笑着，尽管头上已长出丝丝白发，那张昔日孩子气的娃娃脸，过早地浮出老人斑，但那人们熟悉的笑容，依然是那样的灿烂、温暖。

"景润，景润！"小时候的几个朋友，高声地叫着，从人群中向他奔来，紧紧地握住他的手，陈景润大大方方地向人们介绍由昆，人们笑了，用道地的福州话议论、品评这位胪雷的媳妇。

"他们说你长得很俊，也就是，很漂亮！"陈景润话音一落，便激起一片欢腾的笑声！

看望村中的老人，上祠堂祭祀祖先，陈景润和由昆按照福建人的乡俗，恭恭敬敬地点了三柱香，插在"鸭母陈"的祖宗牌前。远走的老祖宗，你有如此的儿孙，应当会高笑于九天之上吧！最后，陈景润还没有忘记，到村对面的山坡上，去祭扫祖坟，他默默地站着，让绵绵无尽的乡思，悄然消融在这片故梓的热土里。

乡情是山，熔铸这位数学巨子的坚毅、伟岸、不屈不挠；乡情是海，造就一代俊杰的渊博、深沉、无比壮阔。只有扎根在祖国大地上的绿树，才能本固而枝荣。

留在长白山的笑容

科学研究是洋溢着崇高献身精神的长征。多少科学家为了人类的进步和祖国的繁荣富强，牺牲了个人的利益甚至宝贵的生命。他们的品质、人格、襟怀，是照亮后人前进的燃烧的火炬。

常为这一让人揪心的细节而感到强烈的震撼：我国的两弹（原子弹、氢弹）元勋邓稼先，长期在沙漠深处工作，积劳成疾，不幸患了癌症。弥留时刻，人们问他，有什么事需要交代，他两眼含着泪，回答说："我还没有去过杭州呀！我真想去看看。"他一生奔波，严守机密，恪守纪律，连想去看看"人间天堂"杭州这一很普通的愿望，居然也成了无法实现的人生遗憾！他所做出的牺牲，何止如此！

相比较之下，陈景润比邓稼先幸运。一九九一年八月十九日，他终于实现去著名的风景胜地长白山一览雄奇风光的夙愿。

正是金秋时节。长白山敞开胸怀，纵情拥抱这位为祖国立下卓越功勋的忠诚的儿子。在陈景润的一生中，或许，这是第一次也是最后一次有如此的闲暇，携带爱妻、爱子，去领略祖国名山大川的美丽姿容。

陈景润的笑容

这是无比壮阔的旅行，已是身患严重帕金森综合征的陈景润，久蕴心中的热爱大自然旖旎风光的天性，被浓浓的游兴激活了。火车沿牡丹江南行，山青、水秀，延边朝鲜族美丽的村落，身着绿衣红裙的姑娘，从车窗前悠悠地闪过。长白山，神奇莫测的原始大森林，层峦叠嶂无数，奇花异木无数。红松、云杉、水曲柳、白桦林，列队成为气派非凡的仪仗队，欢迎来自北京的嘉宾。陈景润的情绪很好，是那绵延跌宕的峰峰峦峦，又一次激起向哥德巴赫猜想顶峰冲刺的豪情？还是借偶尔难得的闲暇，纵情地放牧那封锁太久的儿女情、父子爱？一路上，他不断地和由昆说着笑话，小儿子由伟，更是无所顾忌地抱着他脖子，开着玩笑。亲情融融，我们的数学家，同样有着七情六欲，同样深深地爱着自己的家庭，爱着情趣洋溢的生活。

长白山最美的是镜泊湖，又称天池。山上气候瞬息万变，往往山下晴空万里，山上却是乌云密布，甚至刮起八级以上的大风。人们都说陈景润人缘好，天缘更好。他们一家三口登上天池的时候，风平浪静。天上没有一丝云彩，澄碧如洗。湖畔，有的树叶已经开始红了，朵朵初红的秋叶，恰似一幅幅精美的油画。陈景润静静地伫立一旁，他没有说话，连走路都轻轻的，真怕一不小心，打破这人世间罕见的恬静和幽深。

最美的当然是水。天池，是不染纤尘的仙子，是长白山的精魂，清洌沁人。它不像西湖水曲曲折折，散发着浓郁的脂粉气；也不像故乡的大海那样沉雄涌动不已。它的最动人之处是在于清和静。没有横卧碧波的人工造的石桥，也没有挤满善男信女的寺庙或庵堂。碧水依依，恰似亲人无声的祝福。没有涟漪。倒影如画。世俗被滤尽了。天然无雕饰。掬一口，足以把五脏六腑洗得干干净净。

长白山人崇敬陈景润，早已在湖边准备好了游船。一条一丈多长的木板从船头伸到岸边，本来，只需七八步就可以跨过去的，细心的人们知道患病的陈景润走路不稳，他们一个个跳到齐腰深冰凉的水里，两旁围起两道人墙，一个个伸出双手，扶着陈景润走过这不寻常的路。

陈景润激动地连声说："谢谢，谢谢，真麻烦你们了，真麻烦你们了！"

只有真正赢得了人民尊敬的人，人民才会真正把他们搁在心窝里。

碧水长天一色。游船在天池缓缓移动。陈景润端坐在船头，眉舒目展。他在想什么呢？从胪雷走出，历经半个多世纪了，他落难过，也辉煌过。饱经沧桑，便能参透这壮丽奇伟而有时又显得无奈的人生么？清风徐来，舒卷地吹起了一湖涟漪，倒影恍然若梦。拭目看去，丽日正高挂云天，仿佛，是一个不知疲倦的旅人，正倔强地穿行在天宇之中。他有时也感到极度的疲惫，真想歇一歇，今天，终于有幸在天池如玉的碧水上歇一会了，但一颗心，却仍然时时牵挂着他那永难忘却的数学。

由昆是很能体贴丈夫的，只要一看到他的眼神，就知道他是不是分心了，她亲昵地依靠在陈景润一旁，轻声地指点这人间仙境，为陈景润摄下了一张张珍贵的留影。由伟很懂事，他不插话，他要让辛苦了几乎一辈子的爸爸，静静地休息一会。

游罢天池，便是去看天池旁的温泉了。感叹大自然的鬼斧神工，海拔数千米之上的天池，居然有热气腾腾的温泉在展示着它的神秘。在温泉里煮鸡蛋，是由伟最感兴趣的。此时的陈景润，也完全变成一个大孩子。他捧着儿子送来的在温泉煮熟的鸡蛋，津津有味地吃着。他无忧无虑地笑了，把最美的笑容，永远留给长白山。

穿过林海，去看长白山的大瀑布，也是他们长白山之行难忘的一幕。

祖国的名山胜水，陈景润委实去得太少了。一生拼搏，格斗于斗室之中，他无缘结识庐山的三叠泉、黄山的人字瀑，也无暇去拜访和北美尼亚加拉大瀑布媲美的贵州黄果树大瀑布。他把对祖国山河的心仪深深地埋藏在心底，而把生命的分分秒秒毫无保留地投入艰辛的著作之中。站在惊天动地的长白山大瀑布面前，看莽莽的天河，卷着万斛的珍珠，轰然而下，它毫不迟疑地一头撞击在峥嵘的岩石山，化为千条万条的小白龙，竞相奔往"冠桥"，然后汇入白河，浩浩荡荡地奔流而去！它何其像那些不屈不挠向一个伟大目标前进的人们的人生！陈景润从大自然的伟力中仿佛领悟到什么，有些颤抖的脚步情不自禁地挺直了。

这天天气真好。长白山林区的森林是极有层次的：海拔一千米以下的地区，主要是以红松为主的常绿叶树和落叶阔叶树相混杂的典型林带；海拔一千米至一千八百米的地区，是以红松、云杉、落叶松等针叶树为主的典型林带；而一千八百米到两千米之间，地势陡峭，气候恶劣，因此，看不见高大的树木，只有矮小的灌木以及由多年生的草木、地衣、苔藓等组成的地毯式的苔原植被，形成长白山特有的森林地带风光。万千气象，尽收眼底。陈景润一家在这里流连忘返。

长白山中，还长着伟岸挺拔而不乏秀丽文静的美人松，又称长白松。陈景润在一棵美人松前停住。微风拂过，苍翠的针叶，翩翩起舞。他略有所思，又纵目望去，前面，是一片气势磅礴的白桦林，笔直的树干上，天然的树皮纹，组成了一幅幅极像眼睛的特殊图案，它们深情地凝望着陈景润，是想留住这位数学家的脚步，还是款款地目送他踏上新的旅程？显然，陈景润读懂了它们。他又一次笑了，舒朗，温馨，像浪漫而多情的风，悄然落在绿韵无涯的长白山深处。

第十章

悲壮的日子

陈 景 润 传

不要处分他

一九八四年四月二十七日，陈景润上街去魏公村一家书店寻找近期的有关资料。平时，他是很少到大街上去的。研究所、家，是他久居之地。

大街熙熙攘攘，广告林立，商品大潮冲击下的首都，同样令人眼花缭乱。陈景润无暇也没有心思去浏览七彩斑斓的街景。

他低着头，一边走路，一边思考。这是他长期养成的习惯。尽管未曾碰到过树上，更没有说过"树怎么碰到我"，这种细节，是作家杜撰出来的。但走路时，他的确不像有些人那样瞻前顾后，眼观八方。

他长期生活在由数字组成的世界里，神游之处，同样风光不凡，甚至，无边春色，尽在其中。

混迹在茫茫人海中，陈景润极为普通、平凡。虽然此时的陈景润已是名满天下，但走在大街上，谁也不会注意他。在我们中国，许多声名如雷贯耳的学者，也是同样的。他们不像那些能够争取观众的歌手，走到哪里，哪里就会涌来如痴如醉并近似疯狂的"追星族"，更不会有保镖侍候左右的缘分。

他走着走着，谁能料到，会走到致命危险的境地中呢？

他走着走着，谁能预感，蔚蓝的天空中，会兀地落下一个黑色的灾难呢？

是劫数？还是意外？正当陈景润在向哥德巴赫猜想的顶峰（1+1）发起强有力冲击的时候，正当祖国和世界数学界瞩目着这位数学奇才跨出的每一个脚步的时候，北京，大街上，发生了一件本不应发生的不幸。

一位姓李的北京城建二公司的小伙子，踩着一辆自行车，正得意扬扬地从远处急驰而来。大街宽敞，坦坦荡荡，正是春光如沐的时分，小伙子把脚下的自行车当成胯下的坐骑。寂寥无人的荒原，自行车可以纵横驰骋，人流如潮的大街，亦能如此放肆么？

他太自信自己的骑术了，以至于没有把手按在紧急刹车把上。闪过一道人墙，闪过一座座耸立的高楼，绿茵茵的草地，刚绽出绿叶的一行行树木，全都写意地往后流逝而去。

"啊——"一声惨叫，突然传来。这个愣头愣恼的小伙子低头一看，才发现自己闯下大祸，一个衣着朴素带着眼镜的中年人，已经倒在他的车前。

车轮还在旋转。被撞倒的人却是完全昏过去。

他吓坏了！双手颤抖着，去扶起被他撞倒的人。急促地问："同志，同志，师傅，师傅——"

那人奇迹般地被他唤醒。小伙子一看伤情，后脑勺着地，头上有血，隆起一片肿块，脸色苍白。

"你是谁，什么单位的？"小伙子语无伦次地问。

"我——是——陈——景——润。"他已无力说活，说完，又昏了过去。

恰似惊雷灌顶，小伙子只觉得头脑嗡嗡响，他虽是个普通的建筑工人，但陈景润这个名字，他是熟悉的，怎么会在大街上撞坏了陈景润呢，他怎么交代？怎么负得了这个天大的责任？他越想越后悔，越想越难过，居然当街大哭起来。

人群围住了他，一位交警皱着眉走过来。听说撞倒了陈景润，所有人的心都揪紧了。陈景润，可是我们的国宝呵！

热心的群众连忙对那位还在大哭的小伙子喊："还哭什么，立即送医院抢救要紧！"

这时，陈景润又醒过来了，他已经意识到自己负了重伤，是正在往医院里送吧！

"去中关村，去中关村医院！"半昏迷中的陈景润还想起自己的公费医疗单位，他怕让别人花钱，坚持要往中关村医院里送。数学家那颗善良的心，始终没有埋怨撞他的人，反而一直担心，让人出医疗费，多不好。

"别的地方我不要去，去中关村医院！"他还在喊。他终于被送到中关村医院了。听说陈景润被车撞了，所有的医务人员心都提到嗓子眼上，都在慨叹，怎么会发生这样的事情呢？

到了医院，陈景润头上冒虚汗，处于半昏迷状态之中。

抢救工作在紧张进行，初步确诊：后脑严重撞伤，得了严重的脑震荡。

人们的心情十分沉重，头上缠着绷带的陈景润醒过来了，他喃喃地告诉围在一旁的人们，千万不要处理那个撞他的年轻人，他不是有意的，不是有意的。他担心人们为难别人，一再重复着他的恳求。

作为肇事者，那个满脸泪痕的小伙子被交警带走了。他一边走，一边哭，嘴里说着："我对不起陈老师，我对不起陈老师。"

陈景润被撞伤的消息，很快就传遍中关村，传遍偌大北京城。

成千上万的人们都在为陈景润的健康和生命忧虑，为我国著名的数学家遭此意外而感到悲伤。慰问信、慰问电话不断飞向中关村。

由昆日夜守在陈景润身旁。李尚杰书记更是像亲人一样，跑前跑后，张罗着陈景润的治疗工作。中关村医院的医生尽了最大的努力，为陈景润安排了最佳的治疗方案。

这是一次险遇，是对陈景润的健康一次致命性的损伤。主要受伤部位是脑部。大脑受到突兀而来的撞击，其后果和影响难以预测。次年，陈景润得了帕金森综合征，据专家分析，和这次受伤虽然没有直接关系，但诱发帕金森综合征的可能，并不能排除。

醒来后的陈景润，依然挂念着那位肇事者，他的心地实在是太善良了。他一直担心人们会为难他。后来，研究所的同事告诉他，主管建筑的北京市常务副市长张百发同志得知消息，亦向中科院数学所打来电话，向陈景润表示慰问。那个小伙子，已经由城建二公司派人带回去了，张百发表示：这个人随叫随到。听到这里，陈景润才放心了，并且叮嘱说："不要处分他。"这次不幸，像浓重的阴影，笼罩在人们的心头。经过一段时间治疗，陈景润出院了。他本来就多病的身体，经受这次严重损伤，犹如雪上加霜，更显得瘦弱了。他是不屈的，那双人们熟悉的眼睛，依然闪烁着坚毅的光芒。

小草之歌

没有花香，

没有树高，

我是一棵无人知道的小草。

从不寂寞，从不烦恼，

你看我的伙伴遍及天涯海角。

春风啊春风你把我吹绿，

阳光啊阳光你把我拥抱，

河流啊山川你哺育了我，

大地啊母亲把我紧紧拥抱……

　　一曲《小草》，唱遍中越边境自卫反击战烽烟迷漫的战场。优美、动听的旋律，悠远绵长地展示出战士们"位卑不敢忘忧国"的高尚情怀。病中的陈景润同样十分喜欢这首歌。

　　祸不单行。一九八四年陈景润被自行车严重撞伤以后，一九八五年有一回挤公共汽车，又被拥挤的人们挤到车身底下，当场摔昏过去，住进医院。不久，他被检查出患了世界上尚没有办法医治的帕金森综合征。

　　一次又一次的意外，严重损害陈景润的健康。陈景润病得很重，全身僵直，手、脚颤抖，吞咽困难，只有头脑还很清醒。他时常靠在病床上，指导他的学生，或者，用生命的余力，思虑着数学中的问题。令人梦魂牵绕的哥德巴赫猜想顶峰（1+1），依然强烈地呼唤着他重振雄风，冲锋陷阵。

　　长期的病房生活，成为他晚年生涯中重要的生活形式，偶有闲暇，他也会回首自己走过的人生之旅。

　　如今，他已是中国数学界傲然挺立的大树，日本出版的

《一百个有挑战性的数学问题》一书，刊登了两幅华人的像，一个是我国古代数学家祖冲之的画像，另一个就是陈景润的照片。他在数论研究的许多领域的贡献，特别是在研究哥德巴赫猜想上的杰出成就，已经使他跻身于世界数学家的行列。

然而，从人格、气质上看，他是一棵小草。他毫无某些名人的绅士风度和贵族派头，他的思想意识深处，洋溢着强烈的平民意识，他一直把自己作为老百姓中的普通一员，平凡地生活着，顽强地拼搏着，像小草扎根于深厚的大地，他把自己的生命和事业之根，牢牢地扎在人民群众之中。

这是一个令人惊叹的真实镜头：

一九九六年三月八日，清晨，一位六十八岁的老农民季好学走进已是生命垂危的陈景润的身旁。

"景润，老季回来了！"守在一旁的李尚杰书记俯下身子，在陈景润的耳旁说道。

一直紧闭着眼睛的陈景润，忽地睁开眼，见是老季，挣扎着伸出瘦得像鸡爪状的手，拉着老季，久久不肯松开。

由昆问："老季回来了，你高兴吗？"

陈景润说话已经十分困难，还是清晰地回答："高——兴，高——兴！"

老季是安徽无为县的普通农民，没有什么文化。经人介绍，自一九九三年年底开始照顾陈景润的生活。他没有服侍过病人，但护理工作却做得十分干净、利落。每天，他要给陈景润喂三次饭，四次水，一次水果，搀扶着陈景润在病房内散一次步。其时，陈景润已是病重，吞咽十分困难，食品均需捣碎、打烂，喂一次饭要一个小时，且不能噎住呛着，否则就有生命危险。两年来，老季从未出过意外。洗澡是麻烦事，冬天每星期洗两次，夏天每天都要洗，老季也拾掇得清清爽爽。陈景润对这位老农民感情很深，经常夸奖："老季好，老季好！"

陈景润病危，老季恰巧回安徽探亲去了，陈景润一直想念着他，多次呼唤："老季，快回来，快回来！"老季从安徽日夜兼程赶回北京，陈景润从半昏迷状态中得知消息，欣慰地露出笑容。

一个饮誉中外的数学家，一颗心系着一个极为普通的农民，并非是偶然出现的"奇迹"，而是陈景润血液中流淌的对普通劳动者的心灵息息相通之情。他歌唱小草，同样在歌唱生活，歌唱质朴而崇高的人生境界。

中国人民解放军总政歌舞团著名歌唱家董文华得知陈景润重病的消息，特地到陈景润家慰问。她得知陈景润喜欢《小草》《十五的月亮》《血染的风采》等歌曲，专门为他演唱。陈景润高兴极了，轻轻地跟着哼，很快学会这些歌曲。一九八九年，陈景润的病情有了好转，应邀出席总政歌舞团举办的文艺晚会。一见到陈景润来了，董文华立即主动提出，增加她演唱的歌曲《十五的月亮》。她是专门唱给这位数学家听的。她用声情并茂甜润动人的歌声，表达人们最美好的祝愿和崇高的敬意。

陈景润的严肃

病中的陈景润爱唱歌，用歌声激励自己，也用歌声安慰那些一直关心着他健康的人们。除了唱时下脍炙人口的歌曲外，他还爱唱《我是一个兵》，他一直把自己当作生命不息冲锋不止的士兵。

帕金森综合征给陈景润带来难以言传的痛苦。他生命的后期，肌肉萎缩，眼睛无法睁开，需要经过很长时间的按摩，才能勉强地睁开一点。然而，就是在如此艰难的情况下，他的手上，还是紧紧地握着一本数学书，还是不肯放弃最后冲击哥德巴赫猜想顶峰（1+1）的拼搏，就像战士至死也不肯放下手中的枪一样，他至死也不愿也不肯退出前进的行列。

陈景润的同事王元，同样是在哥德巴赫猜想研究中取得卓越成就的中国科学院院士，他看到一面和病魔拼搏一面仍在为攻克哥德巴赫猜想奋斗不息的陈景润，感动地劝说陈景润："你就放弃它（哥德巴赫猜想）吧，你所取得的成就，至少在本世纪无人能望其项背！"

陈景润摇头，缓慢、深沉而坚决地回答："不！"

卑微的小草，就是如此坚韧，不屈！

世界级的数学大师华罗庚在他生命的最后十年，也在不懈地潜心攻研哥德巴赫猜想（1+1）。他是陈景润的恩师。"出师未捷身先死，长使英雄泪满襟"，他在日本东京讲学时，突然心脏病复发，悄然去世。华罗庚没有成功。陈景润在身患重病的情况下，由别人帮他穿衣、穿袜、穿鞋，背他下楼，然后乘轮椅去参加了华罗庚的追悼会。在低回沉痛的哀乐声中，陈景润以惊人的毅力站了起来，在别人的搀扶下参加追悼会的活动，他整整站了四十分钟，凝望着恩师慈祥坚毅的遗容，陈景润会想起什么呢？

是想起当年华罗庚无私的提携之恩么？小草崇尚生养自己的土地，他怎么能忘却华老的一片真挚之情？

是想起了老师一生未了的遗愿么？科学攻关，同样是悲壮的事业，一代人倒下了，又一代人扑上去。质朴无华的小草，向往蓝天，向往蔚成大海一样壮阔绵延直达天际的盛景。他怎么能轻易放弃自己一生的追求呢？

小草在歌唱。陈景润在歌唱。他的一生，同样是一曲回味无穷的《小草》之歌。

在家乡治疗

　　祖国的中医是个神奇的宝库。帕金森综合征，目前世界上尚无根本治疗的办法。运用中医传统的脉络理论，采取针灸、推拿、服药等全方位内外治疗的办法，能够让陈景润解决痛苦么？

　　一九九一年十月一日，陈景润携夫人由昆，应邀回福州参加福建师大附中建校一百一十周年校庆。十月二日傍晚，陈景润和学部委员王仁、高由禧等知名校友代表，应福建省委书记陈光毅的盛情邀请，到风光秀丽的西湖宾馆参加晚宴。省委领导陈光毅、陈明义非常关心陈景润的健康，他们已经和福建中医学院商谈过给陈景润治疗的问题。国际问题研究所研究员薛谋洪校友提出："福建中医学院表示，如果陈景润同志愿意留在福建治病，将尽最大的努力。"

　　此时的陈景润，病情比较严重，讲话没有声音，吃饭很困难，眼睛不易睁开，手脚都在发抖，生活已是不能自理。福建中医学院成立了以俞院长为负责人的专家医疗小组，从福州各个医院，精选最好的医生、护士，成立了一个精干的医疗班子。为了便于治疗，他们把陈景润安排在福建中医学院培训中心二〇九号房。这里四周鸟语花香，一条潺潺的水渠从房前流过，环境舒适、优美。刚住进来的陈景润恰似回到久别的家中，他的情绪很好，对恢复健康充满信心。他爱吃故乡的线面、扁肉。道地的福州口味，使他胃口大开。人们以欣喜的心情迎接这个远方游子的归来。

　　医疗方案是经过精心设计的，著名的针灸专家陈以权教授亲自为陈景润进行针灸。这是中医传统中的瑰宝。他针对陈景润血脉不畅经络不通的病情，反复研究每一个进针的穴位，一根根银针扎下去，已是长期失去感觉的部位，渐渐地产生神奇的感应。

"麻么？胀么？有通电的感觉么？"陈教授细心地观察陈景润的反应。

陈景润点点头，脸上漾起欣喜的笑容。

神针产生奇效，第二天，陈景润讲话就能发出声音，手脚也不那么抖了，他全身感到从未有过的舒坦。

声名远播的贝永顺医生是推拿方面的专家，他为陈景润进行推拿。一招一式，看似平常无奇，但内行人就可以明白：贝医生那双大手，曾经唤回多少人美好的青春，甚至生命。陈景润沉疴太久、太深，非要有移动泰山的沉雄之功，才能创造出奇迹。

不得不赞叹福建中医学院专家们的非凡的回天之术，经过很短时间的治疗，陈景润的病情明显好转，他的虚汗少了，眼睛睁开了，吃东西也顺当多了。担任护理工作的是全省著名的第二医院的护士们，白衣天使犹如春风，给陈景润带来春光明媚的花季。培训中心门外就是中医学院的大院，古木森森，花坛点缀其中，如茵的草地上，是我国著名医学家李时珍的坐像。东侧，有一座气势不凡的群雕，那是中国古代的杏坛俊杰——苏颂、宋慈、杨士瀛等人。永恒的历史，在这里复活了。陈景润已经可以在护士的保护下，在这里流连江南园林的幽雅、古朴、玲珑剔透了。

他的病奇迹般地出现根本的转机。这年春节，陈景润是在福州过的，由昆带来爱子陈由伟，一家三口，乐融融地过了个团圆年、幸福年。为了感谢专家、医生、护士们的精心工作，感谢人们对他健康的关心，陈景润还在春节联欢会上，走到台上，为大家唱了《小草》《我是一个兵》等歌曲。

陈景润的歌声，赢得一阵又一阵热烈的掌声，人们把最美好、最诚挚的祝愿，献给这位为故乡获得殊荣的好儿子。

事情的发展往往就是这样不尽如人意。假如陈景润在福建中医学院继续治疗下去，或许会产生真正的"奇迹"。他是个很守纪律的人，正当他多年的沉疴出现逐渐解除的可喜情况时，北京传来消息，一个重要会议请他回京去参加。医疗小组曾经挽留他，但看到陈景润那种焦急的样子，只好同意他暂时回到北京。

　　陈景润对自己的健康向来是不大注意的，短暂时间的好转，给他造成了一个错觉，以为没什么事了，回到北京后，很快陷入繁忙的事务和数学研究之中。一次不慎，摔了一跤。这一跤摔得太惨了，把胯骨跌碎了。陈景润的健康受到无法弥补的严重伤害。

　　一九九二年五月，陈景润第二次回福建接受治疗。当身体极端虚弱的陈景润出现在医疗小组面前的时候，人们心里十分沉重，也感到无比的惋惜。几个女同志，转过身子，偷偷地抹掉涌到眼眶的泪水。医务人员仍尽全力做好治疗工作，陈景润也积极、认真地进行配合，后来，病情有了好转，但始终没有出现第一次在福建治疗时那种令人惊喜不已的情况。他受伤太重了。生命的基础受到根本的摧残，回天无术。人们的心头蒙上浓重的阴影。

　　福建中医学院培训中心二〇九号房间，灯光仍然亮到深夜，不屈不挠的陈景润，正拼尽生命的所有力量，去作一次悲壮的冲刺。

最后时刻

灯油熬尽，陈景润终于走到生命之旅的尽头。

自一九九三年十月开始，陈景润就住进中关村医院，在那里接受治疗。帕金森综合征被认为是医学上的"哥德巴赫猜想"，至今在世界上尚未被攻克。北京各大医院的医生尽了最大的努力，替陈景润治病。党和国家的有关领导和部门一直关心着陈景润的健康状况。中国数学界需要陈景润，祖国的四个现代化需要陈景润，千千万万的人们诚挚地期望陈景润能恢复健康，重新上阵。

严峻而冷酷的现实，遮没了最后一缕希望的阳光。

一九九六年一月十七日，陈景润的病情开始恶化。他十分坚强，面对猖獗的病魔，始终以自信和超于一般人的毅力，进行顽强搏斗。这天下午，他想到外边走走。于是，请前来看望他的老朋友李尚杰书记和护理他的老季，一左一右携扶着他。结果，只在病房内走了两圈，他就支持不住了，手脚冰凉，脸色苍白，额上直冒虚汗，赶紧上床躺下休息。当晚，陈景润发高烧。

病情发展太快。长期的苦战、拼搏，已将陈景润生命的精力消耗殆尽。他每天只睡四五个小时，且一直带病坚持工作，抵抗力已经很差、很差。因此，一旦大病复发，后果就很难收拾。一月二十七日清晨六点二十分，陈景润的呼吸和心跳突然停止。守在一旁的由昆一边采取紧急措施，一边叫来中关村医院内科主任兼心血管科主任李惠民，他立即进行人工呼吸，大约八分钟后，陈景润才逐渐恢复心跳。这次险情，是陈景润不慎着凉，肺部患了严重炎症，连日高烧不退引起的。

北京奇寒。暂时的缓解，预示着更大危机在后头。中关村医院请来北京医院帕金森综合征治疗中心的许贤豪教授，呼吸科副主任王晓平医生以及三〇九医院院长进行紧急会诊。下午，陈景润被紧急转往医疗条件更好的北京医院，临行前，由昆俯在陈景润的耳边，轻轻地说："我们现在转院到北京医院，路上要坚持住。"细心的医生联系了一辆设备最好的救护车，车上装备有空调机和呼吸机等现代化医疗设备。

救护车在刺骨的冷风中平稳地往前疾驶。车到北京医院附近，险情又一次出现，陈景润的喉咙被痰液堵住，憋得脸色发青。这时，随车护送陈景润的北京卫生局医政处处长姚宏，一把推开旁人，跪在地上，毫不犹豫地将吸管一头伸进病人口腔，一头含在自己嘴里，用嘴把痰液吸出来，病人才化险为夷。由昆激动地流下眼泪，在场的人们也无不为之感动。

住进北京医院的陈景润接受了一流的治疗：呼吸机源源不断为他输氧，各种药物缓缓地注入他体内。陈景润的一只手捏动手中的气球，另一只手紧紧地握着由昆的手指，仿佛生怕妻子离开。过了一会，陈景润轻轻地抬起手掌，在空中缓缓地移动，仿佛在探求什么。这一动作，只有由昆明白，由昆告诉人们："他很好奇，这一点我们的儿子很像他，总喜欢把东西拆开来看一看。"

临近春节，陈景润的病情稍有好转。大年三十晚上温馨的病房里，陈景润奇迹般地唱起《我是一个兵》《小草》等歌曲，戴上由昆给他配制的眼镜。陈景润还照了照镜子，连声地说："好！好！"

春天在挽留他。所有关心陈景润的人们都在挽留他。陈景润也以非凡的毅力，与迎面走来的死神进行殊死较量。他深深地眷恋这个已是阳光明媚的世界。

三月中旬，陈景润的病情再次恶化，高烧不退。医院用尽所有的抗菌素药，有的医院没有，也立即从国外进口。几经努力，查不出引起他高烧的原因。连续高烧，对他已是久经沧桑的内脏造成严重的损害。三月十八日十一时，陈景润血压突然测不到，一度为零，出现心衰、休克。医生采取紧急措施，经麻醉科插管、呼吸科上呼吸机、抗休克抢救治疗后，血压恢复。

　　三月十九日，身体极度虚弱的陈景润已处弥留状态。这天上午福建省委、省政府打来电话，代表家乡父老探询病情。八时许，中共中央组织部副部长王旭东、中共中央统战部副部长刘延东、中组部知识分子办公室副局长姚雪等赶到医院，他们转达了党中央领导同志对陈景润的关怀和对病人家属的慰问。嘱咐陈由伟"要向爸爸学习，照顾好妈妈"，希望有关部门认真落实中央领导同志最近对改善知识分子医疗条件的指示，使我国宝贵的科技人才得到更多的爱护。

　　陈景润微微张着嘴，已不能说话，但神志还是很清醒。由昆流着泪，大声地说："你放心，我会把孩子带大的，我会把孩子养育成人的。我说的你听见没有，听见了你的嘴唇就动一下。"

　　陈景润艰难地动了动嘴唇，表示他听见了。接着，由昆又向他说："你能对儿子说几句话吗？你能对儿子说几句话吗？"她俯下身子，把耳朵贴在陈景润的嘴边，只听到喉咙里痰液在呼噜呼噜地响。他已经没有办法用语言表达自己的万般思绪了。

　　抢救仍在进行。生命最后时刻，他仍能听懂、辨别亲人的呼唤，由昆对他说："我问你的事，你同意，就伸一个手指头；不同意，伸两个手指。"他听懂了，照做。

　　陈景润忍受着最大的痛苦，疾病的强烈折磨，使他意识到，告别这个世界，已经是无法改变的现实。痰液在喉，由昆问他要不要用吸痰器吸，往日都是伸出一个指头，表示要，而今天，他再也不让吸了，他的表示是：伸出两个手指。

　　他，拒绝了自己的生命。在各种药物均已失去作用，所有最先进的医疗设备都已无法施展它们的神奇效力的时候，善良的陈景润不愿意再拖累人们，他横下一条心，决定悄然地走了。三月十九日上午，陈景润两次出现心率下降，经抢救重新维持在一百五十每分左右。十二时三十五分，心率突降为零，心电监测示波为平线，立即于心外按压，多次三联静推，后出现室扑、室颤，先后六次除颤，均未恢复心跳。下午一时十分，陈景润溘然去世。

中国数学界的一颗巨星殒落了。

风雨敲窗。乍暖还寒的北京，陈景润不幸逝世的噩耗传开，人们的心几乎快碎了。

他享年还不到六十三岁。作为数学家，尚属于黄金年龄。英年早逝，他的生命过早地画上了沉重的句号。

一生坎坷，饱经忧患，在他攻克哥德巴赫猜想（1+2）之后，生命和事业都处于最辉煌时期。本来，他是中国数学界最有希望攀登哥德巴赫猜想（1+1）的顶峰的。长期的疾病折磨，使他过早地撒手西去，只留下令人感叹唏嘘的世纪之梦。这一无法弥补的遗憾，给中国数学界的登顶之战，增添了更为悲壮的色彩。

哀思如雨。北京，萧索的树林刚刚冒出点点绿芽，如千言万语，欲说还休。陈景润走了，走得太匆忙、太匆忙了……

不凋的鲜花

陈景润爱鲜花。生前，他自己养了不少花，花团锦簇，带露而开。他钟爱生活，崇尚自然。一颗如鲜花般美好之心，深情地拥抱着养育他的祖国和人民，拥抱着他为之献身的数学。

他的不幸去世，牵动全国人民的心。或许，他所享受的殊荣，在千千万万的知识分子中，是独具一格的：党和国家的有关部门按照副部长级的待遇，安排他的丧事。北京市市民细心地注意到：远送陈景润遗体的灵车车号是六五四四四。一年以后，深受中国人民爱戴的邓小平同志不幸逝世，在举国哀思的泪雨中，人们同样看到这辆灵车，载着邓小平同志的遗体，缓缓地在数十万人的目光中，驶过长安街。陈景润的骨灰，安放在北京的八宝山革命公墓，和开国元勋以及享有崇高威望的中华俊杰永远在一起。

人们总觉得他没有远去。在陈景润住过的中关村医院内科七号病房门口，护士张铭喃喃地说："我总有一种错觉，总觉得他还会回来。"静静的病房和罩在十三号病床上雪白的床单，依稀在默默地等待着它的主人。陈景润工作过的数学所，他的办公室的书柜上，至今还叠放着陈景润的手稿，字迹清晰如新，仿佛，只要稍过片刻，那穿着蓝灰衣服、面容清瘦的数学奇人，就会悠然而至。只有到了陈景润的家中，面对那张镶了黑框的陈景润穿着大红衣服的遗照，人们才感到事实的冷酷和严峻：陈景润走了，永远地走了。他留给人们的，是永恒的微笑，是一代中国知识分子于极度的艰难竭蹶中，含泪带血攀登世界科学高峰的悲壮史诗，是一笔足以让一代甚至几代人反复咀嚼、吸收，应当弘扬光大的极为宝贵的精神财富。

陈景润的遗像前，摆满鲜花。最引人注目的，是人们用六十三朵洁白的玫瑰精心编织起来的花环，象征着他六十三年全力以赴的生命，悄然置放着。到陈景润家中灵堂来吊唁的人们，络绎不绝。从党和国家有关部门的领导人，到中国科学院数学所的同事，从远道赶来的福建乡亲，到敬仰他的中小学生和许多素不相识的人们。最令人感动的是：陈景润去世已是一年多了，陈景润家的门口，经常有人送来鲜花摆放着，鲜花的缎带上恭恭敬敬地写着"献给陈老师""给陈老师鞠躬"。

是陈景润的学生，还是立志继承陈景润的遗志，为中国四个现代化谱写新篇的后来人？

人们把最美的鲜花送给陈景润。在中国乃至世界数学的百花园中，陈景润就是不凋的鲜花。他是"高山雪莲""富贵的牡丹""空谷幽兰"。他以令全世界数学界折服的辉煌，论证了一个伟人的预言：中国人民有自立于世界民族之林的能力。他以自己的一生，丰富和改写中国和世界的数学史；他以不朽的业绩，树起一座在二十世纪内人们无法逾越的丰碑；他攻克哥德巴赫猜想（1+2）；他永恒的精神伟力，激励和召唤着千千万万献身于崇高科学事业的人们，描绘世纪之交的风景线。

陈景润是永远鲜活的历史，他的传奇式的经历和悲壮的道路，浓缩一个时代的风雨。他是中国知识分子的典范和楷模，他影响自"科学的春天"中走出的一代人甚至几代人。陈景润又是永远洋溢蓬勃生机的现实。当商品经济的浪潮席卷九州大地，"金钱至上""权力崇拜"的逆流甚嚣尘上，人们仿佛久违了陈景润，然而，科学的杠杆，在撑起四化伟业的宏图中，依然产生震撼人心的力量。

郁达夫在当年悼念中国文化革命的主将鲁迅先生逝世时曾经说过一段掷地有声的话："没有伟大的人物出现的民族，是世界上最可怜的生物之群；有了伟大的人物，而不知拥护、爱戴、崇仰的国家，是没有希望的奴隶之邦。"可喜的是，人们并没有忘记陈景润。

当邓小平同志"尊重知识、尊重人才"的号召响彻天下的时候，陈景润当选为中国科学院学部委员，荣获国家自然科学一等奖、华罗庚数学奖等殊荣。

二〇〇九年九月十日，经中央批准、由中央宣传部等十一个部委联合组织、全国近一亿人参与投票、并经有关部门审核、组委会评审组专家投票等程序评选出来的"100位为新中国成立做出突出贡献的英雄模范人物"和"100位新中国成立以来感动中国人物"的名单正式向全国隆重公布，陈景润名列其中。

二〇一八年十二月十八日上午，庆祝改革开放四十周年大会在人民大会堂举行。全国一百名"改革先锋"称号获得者在大会上受到表彰，陈景润位列其中，获得"激励青年勇攀科学高峰的典范"这一崇高的荣誉称号。

二〇一九年九月二十五日，"最美奋斗者"表彰大会在京举行，陈景润荣获"最美奋斗者"称号。根据中央统一部署，为隆重庆祝中华人民共和国成立七十周年，中央宣传部等联合部署在全国城乡开展"最美奋斗者"学习宣传活动，评选表彰七十年来各地区各行业各领域涌现出来的英雄模范人物。

二〇二〇年九月十九日，《中国现代科学家（八）——陈景润邮票》首发活动在陈景润的故乡仓山区城门镇胪雷村陈氏祠堂隆重举行。该邮票的背景画面，是陈景润院士伏案工作的瞬间。持之以恒、潜心钻研、勇于攻关的陈景润精神，已经成为新时代宝贵的精神财富。并未远去的陈景润，不愧是一面鲜艳的永不退色的旗帜，激励着人们奋勇前行。

我们欣喜地看到：踏着陈景润脚印前进的，是一支浩浩荡荡的科学大军。

"我劝天公重抖擞，不拘一格降人才。"

二〇二〇年四月二十五日修改稿